РАБАШ

Даргот Сулам

часть 1

РАБАШ

Даргот Сулам. Часть 1 / РАБАШ – Laitman Kabbalah Publishers, 2025. – 160 с.

RABASH

Dargot Sulam. Part 1 / RABASH – Laitman Kabbalah Publishers, 2025. – 160 pages.
ISBN: 978-1-77228-195-8

РАБАШ (Рав Барух Шалом Ашлаг, 1907-1991) – старший сын и ученик Бааль Сулама (Рав Йегуда Лейб Ашлаг, 1884-1954), был последним в цепи великих каббалистов от Адама до наших дней.

«Даргот Сулам» – это сборник записей РАБАШа, изданный его преемником и учеником Михаэлем Лайтманом. В нем приведены избранные статьи РАБАШа.

В сборник «Даргот Сулам» (Ступени Лестницы) вошли статьи, созданные РАБАШем для группы его учеников. Они являются уникальным материалом для развития каббалистической группы, ведут через состояния внутренней работы к вершинам духовного постижения.

Данная книга является переводом «Даргот Сулам» и состоит из двух разделов: статей с 1 по 256 и статей разных лет (не в последовательной нумерации).

Перевод осуществлен по изданию: Рабаш, Труды в 3-х тт. Ari Research Institute (ARI), Израиль, 2008 г. Часть статей сверена с рукописным оригиналом.

Работа над переводом статей «Даргот Сулам» будет продолжена.

Издание является учебным пособием Международной академии каббалы.

Над книгой работал коллектив переводчиков Международной академии каббалы:

Михаил Палатник, Борис Канзберг, Дмитрий Перкин,
Аарон Гумник, Григорий Лернер, Миха Кор.

Технический директор: *М. Бруштейн*.
Корректор: *Н. Серикова*.
Верстка: *Ю. Дмитренко*.
Выпускающий редактор: *С. Добродуб*.

Copyright [c] 2025 by Laitman Kabbalah Publishers
1057 Steeles Avenue West, Suite 532
Toronto, ON M2R 3X1, Canada
All rights reserved

Содержание

Даргот Сулам статьи с 1 по 256   7

1. Ацилут – это личное управление   8
2. Отталкивание мыслей человека   8
3. Не по своей воле (1)   9
4. Если будет молодая девица   10
5. Намеренные прегрешения становятся заслугами   11
6. Нееврей, хранивший субботу, должен умереть   12
7. Исправление линий   13
8. Таков путь Торы (1)   14
9. Ограда мудрости – молчание (1)   14
10. Кого Творец полюбит, того Он убедит   14
11. И боязнь, и страх   15
12. Весь мир насыщается в заслугу Ханины, Моего сына (1)   15
13. Вот рука на престоле Всевышнего (1)   16
14. Так скажи дому Якова   16
15. Установления   18
16. Вот исчисления Мишкана (Скинии)   19
17. Шхина   20
18. Об облачении души   21
19. Начало – это связь с Творцом   21
20. Желание получать   22
21. Освящение месяца   23
22. «Теперь, Израиль»   24
23. Смотри, Я предлагаю вам   25
24. Главное, чего нам не хватает   26
25. Приглашение к благословению на еду   27
26. Кто не лицеприятствует   28
27. Три линии (1)   28
28. Земля убоялась и утихла   29
29. Смотрит Творец на их деяния   30
30. Удались от зла и делай добро   31
31. Что за любовь у меня к Торе Твоей!   32
32. Величие человека в его работе   33
33. Амалек, память о котором нужно стереть   35
34. Таамим, некудот, тагин, отиёт   35
35. Найти милость и понимание   36
36. Слышит молитву   36
37. Рыбы – суть беспокойство   36
38. Благословение Торы   36
39. Кто по душе людям (1)   37
40. Два свидетеля   37
41. Вознесение рук   37
42. Служите Творцу в радости   38
43. Что означает «женщина» и «сыновья» в Торе   38
44. Противоречие старцев – созидание, созидание молодых – противоречие   39
45. Сыновья мудрецов   39
46. Мгновение настоящее и мгновение будущее   40
47. Худший из всех   40
48. Правая, совершенство и истина   40
49. Наша вера в книги и в тех, кто их написал   40
50. Ощущение времени человеком   41
51. Суббота   41
52. Сделал Создатель так, чтобы страшились Его   41
53. Голос Якова, а руки Эйсава   42
54. Избавление мира   42
55. Порадуй их совершенным строением (1)   42
56. Вопросы в работе   42
57. Сосуд для благословения   43
58. «Я» и его отрицание («ани» и «эйн»)   43
59. Гневающийся – будто поклоняется идолам   43
60. Просьба о помощи   44
61. Правая и левая   44
62. Вознаграждение и наказание   45
63. Вы стоите сегодня все (1)   45
64. По слову Которого существует все   46
65. Остерегайся зла и делай добро   46
66. Горе вам, жаждущим дня Творца   46
67. Что есть истина   47
68. Порядок работы   48
69. Вознаграждение за духовную работу   49
70. Различие между святостью и ситра ахра   50
71. Суть изгнания   50
72. Скрытое и открытое в управлении Творца   51
73. Вкусы Торы   51
74. Отец и мать   52
75. Деятельность великих мудрецов   52
76. Деяния поднимаются наверх   52
77. Греки собрались на меня   53
78. Война первородного начала   53
79. Что означает «красива станом» в духовной работе   54
80. Получаемое человеком   54
81. «Вопреки желанию своему ты живешь…»   55
82. Конь – для езды верхом   56
83. Молитва за жизнь и пропитание   56
84. Прикасание к тфилин   56
85. Соблюдение законов Торы – только на земле Израиля   57

86. Ступень грешника	57	134. В ГАР нет покаяния, приносящего пользу	73
87. Иерусалим	57	135. Праведники берут силой	73
88. Война с Амалеком	57	136. Приношение в жертву Ицхака	74
89. Радость и страх	58	137. Хисарон является кли	74
90. Разница между деньгами и почётом	58	138. Путь далекий и близкий	75
91. Горечь изгнания	58	139. Свойство ноги и сандалии	75
92. Желания разбившиеся и исправленные	59	140. Различие между завистью и алчностью	76
93. Царь прорывает преграду	59	141. Дух мудрецов неприятен ему	76
94. Жених подобен Царю	59	142. Страдание Шхины (1)	76
95. Малхут небес начинается с милосердия	59	143. Необходимость осознания зла	77
96. Труд прежде милости	59	144. Открытое и скрытое	77
97. Должны принять Тору двумя руками	60	145. Стремление к знанию	77
98. Тикун хацот (молитва, произносимая в полночь)	61	146. Страдания и радость	77
99. Совершенство и недостаток (1)	61	147. Линия работы	78
100. Вера и знание	61	148. Вера называется действием	78
101 Вера выше знания	62	149. Земля – это малхут небес	79
102. Хорошие деяния называются сыновьями	62	150. Нож для убоя скота	79
103. Единство ЗОН	62	151. Об альтруистическом желании	79
104. Нельзя изучать Тору неевреею	63	152. Идти в скромности	80
105. Благословен Творец наш, создавший нас во славу Свою	63	153. Хороша Тора с «путем земли»	80
106. Разрушение святости	63	154. «Сидящие на углах»	80
107. Голан в Башане	64	155. Ты выбрал нас (1)	81
108. Человек определяет	64	156. Освящение луны	81
109. Для чего приходят на могилы праотцов	64	157. Что сначала – благословение или мир	82
110. Путь Торы	64	158. По страданию и награда	82
111. Ничто не ново под солнцем	65	159. Необходимость и важность изучения веры	83
112. Возвращение награбленного	65	160. Весь народ стоит перед тобой	93
113. Старец ищет трепет перед небесами	65	161. Пробуждение свыше	97
114. Три участника	65	162. Любовь к ближнему	97
115. Что означает Тора «лишма»	66	163. Нюансы работы	98
116. Кто такие грешники	66	164. О чём просить у Творца для служения Ему	98
117. Свет в ней возвращает к источнику	66	165. Есть понятие охраны	98
118. Кроме «Уходи»	66	166. Какое возвращение полезно	99
119. Из «ло лишма» приходят в «лишма»	67	167. Взыскивает с себя и благословляет	99
120. Радость, вызванная танцем	67	168. Благословен человек, полагающийся на Творца	99
121. Две силы в человеке	67	169. О посохе	99
122. Что такое «удостоился жизни»	68	170. Вера внутри знания	100
123. Без рук и без ног	68	171. Как прекрасны шатры твои, Яков!	100
124. Чтобы служить мне	69	172. Человек и Тора	101
125. Определения (1)	69	173. Тфилин	101
126. Посещение больных	69	174. Заповеди даны Творцом	101
127. Счастлив человек	70	175. Три уровня в человеке	101
128. Возвышайте Творца Всесильного	70	176. Вера – подход выше природы	102
129. Знание и вера	70	177. Плод Торы	102
130. Свидетельство Творца	71	178. Отец вывел мать наружу ради сына	102
131. Увидь жизнь с женой, которую любишь	71	179. Ибур (1)	103
132. Высший и нижний	72	180. У царя Давида нет жизни	103
133. Всё это исправления	72	181. Сущность первого человека	104
		182. Неверие – это наказание	104

183. Работа это главное	104	
184. Время наложения тфилина	104	
185. Вопрос Шкалим	105	
186. Вернись, Исраэль (1)	105	
187. Величие Творца есть Его скромность	106	
188. Раскрывающий пядь и скрывающий две	106	
189. По вопросу изучения каббалы	106	
190. Место совершивших возвращение	106	
191. Функции света хохма	107	
192. Основы	107	
193. Комментарий на второе сокращение	108	
194. За что был наказан Давид	108	
195. Соединение меры суда с милосердием	109	
196. О самопожертвовании	110	
197. О страданиях	110	
198. Хохма и хасадим	110	
199. Устная Тора	111	
200. Человек получает наслаждение от трех келим	111	
201. Подъем МАНа (1)	112	
202. По поводу трепета	112	
203. Тора обретается страданиями	112	
204. Два вида возвращения к вере	113	
205. Действие и намерение	113	
206. Три вещи в мире	113	
207. За преступления ваши изгнана ваша мать	114	
208. Проблема праха	114	
209. По поводу жениха и невесты	115	
210. Действия человека	115	
211. Свойство человека	116	
212. Свойство чертога	116	
213. Тьма, огонь, тень	117	
214. Обирает отца своего и мать свою	118	
215. Встреча гостей	118	
216. Понятие «женщины»	118	
217. Беги, друг мой	119	
218. Израиль – сыновья царей	120	
219. Желай мира и стремись к нему	122	
220. Польза в вещах маленьких и материальных	122	
221. Что такое жизнь	123	
222. Исследования в работе	123	
223. Вхождение в работу	124	
224. Причина веры	124	
225. Названия даются только относительно нижних	125	
226. Ковчег несет своих носильщиков	126	
227. В катнуте сначала раскрываются гвурот	127	
228. Моше – это свойство веры	127	
229. Уста свои открывает она с мудростью	127	
230. Ужели я вместо Творца	127	
231. Аза и Азаэль	128	
232. Что такое «дача взятки» Ситре Ахре	128	
233. Вскармливание	128	
234. Существование и поддержка существования	129	
235. Формы света	130	
236. Вся земля полна славы Его	131	
237. Свойства моха и либа (разума и сердца)	132	
238. Радость жениха и невесты	132	
239. Состояние вдовца	134	
240. Различия в состояниях	135	
241. При исчезновении нечестивых – торжество	136	
242. Сравнение свойств	136	
243. Найти притягательную силу	136	
244. Возвращение	136	
245. Помощь Творца	136	
246. По поводу шекелей (2)	137	
247. Выворачивающий свое платье	138	
248. Услаждающий субботу	139	
249. Согрешу и раскаюсь	140	
250. В ком есть трепет перед Небесами (1)	141	
251. По поводу миньяна	143	
252. Разбитое сердце	144	
253. Не вкушай хлеба недоброжелателя	144	
254. Работа означает «вера»	145	
255. Слова мертвого	145	
256. Свет, созданный в первый день	146	

Даргот Сулам статьи разных лет 147

258. Кто такой богатый	148	
260. Больше тот, кому заповедано, и он делает	148	
376. И испугался Яаков очень	149	
407. Если купишь раба-еврея	150	
478. Что такое грех Кораха	150	
492. Вознаграждение за заповедь	151	
496. Путь истины	151	
497. Благословен Ты	152	
498. И будет, если будете слушать вы	153	
499. Я – это малхут	154	
500. Когда будешь возжигать лампады (2)	154	
501. Мера истины (1)	155	
502. Если человек побеждает, Творец радуется	156	
503. По поводу партнерства	157	

Международная академия каббалы 160
Углубленное изучение каббалы 160
Интернет-магазин каббалистической книги 160

Даргот Сулам

статьи с 1 по 256

1. Ацилут – это личное управление

В книге «Талмуд Эсер Сфирот»[1] говорится, что в мире Ацилут светит непосредственно высший свет, а не как наполняющий мир Брия, где он называется «порождённым», «вторичным».

Мир Ацилут – это личное, частное, управление, там «Сам Творец вершит всем, и всё, что в нём происходит, это непосредственно Его действия». Поэтому мир Ацилут является свойством самого света, без всякого совершенно участия в этом творений. Свойства же миров Брия, Ецира, Асия отделены от мира Ацилут, в них существует разделение на добро и зло, награду и наказание. Поэтому свет там светит в результате совместных действий между Творцом и творениями, и в этом их взаимоучастие.

Поэтому и называется свет этот «порождённым», так как две причины лежат в основе его рождения. В мире же Ацилут, где нет никакой совместной работы, то есть всё происходит без помощи творений, качество это зовётся «не водворится у Тебя зло», где всё понятно и очевидно, потому и называется оно личным управлением.

И в этом смысл сказанного, что экран создаёт разделение между мирами Ацилут и Брия, то есть миры БЕ'А находятся под действием экрана, тогда как в мире Ацилут экран, отделяющий от Творца, не действует совершенно. Экраны эти действуют только по отношению к мирам БЕ'А. Всё это говорится по отношению к душам, находящимся в мирах БЕ'А, где правит свойство вознаграждения и наказания – души ощущают, что существуют экраны. Но когда миры БЕ'А поднимаются в Ацилут и удостаиваются Высшего личного управления, тогда они видят, что всё соединено воедино, и нет там никаких разделяющих свойств экранов.

2. Отталкивание мыслей человека

«Биение света, ударяющего в разделяющий экран, порождает искры света, проходящие сквозь экран» (ТЭС, стр. 115, п. 6).

Удары означают мысли, приходящие к человеку, словно удары, пытающиеся отогнать его от духовной работы и заставляющие прикладывать усилия, чтобы сохранить верную мысль, удержаться в правильном намерении – и потому склоняется человек то в одну, то в другую сторону.

Это происходит тогда, когда существует уже у человека «экран» – сила сопротивления своему эгоизму. И если человек постоянно заботится о существовании у него этого экрана, если согласен он продвигаться по пути, данному Творцом, тогда только на этом строит все свои расчёты.

Человек определяет, что лучшее для него – это принятие веры выше своего разума. Тем самым он приводит к дополнительному раскрытию света на более высокой ступени. Сам процесс всех этих выяснений несёт радость человеку.

Мы можем видеть это на примере двух людей, любящих друг друга. Когда у одного из них вдруг оказывается ещё один друг, желающий сблизиться со вторым тоже, но первый не хочет этого и наблюдает за ним: кого тот выберет себе верным другом. Второй начинает выяснять, взвешивая все «за» и «против» одного относительно другого. Начи-

---

[1] Книга «Талмуд Эсер Сфирот» (ТЭС) известна в переводе на русский язык под названием «Учение Десяти Сфирот».

нает соизмерять отдачу, пользу от каждого. Эти мысли о собственной выгоде начинают проноситься в нём, разбивая его основное намерение – мысль о друге. Это и называется «знание человека подвергается ударам со стороны эгоистических желаний».

В конечном итоге решает он соединиться с первым другом. А силу принять это решение обрёл он только тогда, когда пошёл выше своего понимания вычисления выгоды.

Человек не явно ощущает важность более высокой ступени, поэтому все свои выяснения и расчёты он строит на основе экрана, который является опытом его работы в сокрытии. Когда человек берёт верх над собой, постоянно утверждая в себе существование экрана, не прекращая ни на минуту сопротивление своему эгоизму, это приводит к раскрытию радости у высшего. Тогда и свыше на человека нисходит радость.

В той мере, насколько принял на себя человек важность более высокой ступени, несмотря на доводы своего разума, та же мера величия высшего осознаётся им, становясь его пониманием высшей ступени.

3. Не по своей воле (1)

«Не по своей воле ты родился, не по своей воле ты живёшь, не по своей воле ты умрёшь».

Суть родов – это как суть того, что «нееврей, прошедший гиюр (обращение в еврейство), считается заново родившимся». То есть каждый раз, когда вновь обретают веру, это называется «новым рождением». А суть получения ступени моха (разума) – это выше разума. Поскольку тело не способно сделать что-либо против разума, то разум вынужден получать не по своей воле, то есть когда тело несогласно. Но если работает ради получения и знания, то тело готово выполнять каждое указание.

И это означает, что «не по своей воле ты родился», так как рождение в святости происходит только не по своей воле. Пока не удостаиваются «приблизить его (свое желание) к желанию Творца», как сказали мудрецы: «Заставляют его, пока не скажет: хочу я».

И благодаря обретению веры, удостаиваются духовной жизни с помощью Торы и работы. И жизнь, которую он получает, вынужден так же прожить «не по своей воле». То есть он не хочет получать наслаждение, а потому что Творец хочет насладить его, только поэтому он вынужден получать, а не потому, что желает этого сам.

«Не по своей воле ты умрёшь» – когда занимается земными делами, которые являются только получением для себя – это называется смертью, и это должно быть не по своей воле. Это значит, что он больше наслаждался бы, если не должен был бы делать все эти обыденные вещи.

Приводил мой отец и учитель пример о том, что если у кого-то есть язва, и он чешется, то получает от этого удовольствие, но был бы более доволен, если бы у него не было никакой язвы, и он не был бы вынужден чесаться и получать удовольствие.

4. Если будет молодая девица

«Если будет молодая девица обручена с мужчиной, и встретит ее кто в городе, и ляжет с нею»[2]. Можно объяснить это таким образом, что святая Шхина зовется девушкой. И есть три ступени: свободная, обрученная и замужняя. Неживой уровень святости называется «свободная». Так как все действия, которые совершает ради нее, производит ради вознаграждения в этом или в будущем мире. Но известно ему, что святая Шхина подчиняется ему, то есть получению ради себя. Поэтому она называется свободной, так как ни в ком не нуждается. Тогда он хочет, чтобы возжуждалась в нем. Поэтому в состоянии неживого уровня он может продолжать свою работу, не нанося никакого ущерба.

Но когда он начинает работу на растительном уровне, то сразу становится ясно, что Торой и заповедями нужно заниматься ради отдачи, тогда святая Шхина (для него) уже (находится) на ступени «обрученная с мужчиной». То есть относительно Творца надо работать ради того, чтобы соединить Творца и Шхину. Поэтому тот, кто лежал с ней, желая получить удовольствие от нее, то есть начинает работать ради получения, зная, что на свойство получения есть запрет, когда у него это уже означает ступень «обрученная с Творцом», тогда необходимо «побить их камнями»[3].

Сама святая Шхина не постигаема, а говорится так только относительно постигающего человека. Поэтому человек, осужденный на то, чтобы быть побитым камнями, умирает от чужих мыслей, разрушающих его мозг. Тогда уходит от него вся святость, святая Шхина падает на уровень праха, он не видит в ней жизни, и у него нет смысла в работе. И об этом сказано: «девица за то, что не кричала в городе» (то есть должна была бы кричать: «грешник, не трогай меня»). «В городе», то есть в момент наибольшего пробуждения и огромного воодушевления. А «не кричала девица», потому что не чувствовался никакой грех в этой работе и было желание продолжать ее при получении ради себя навечно. Поэтому нанес ей ущерб. А сейчас он видит, что нет в ней никакой жизни, и не стоит работать ради нее. Как говорили праведники: «явился змей Хаве и осквернил ее». И разъяснял мой отец и учитель, что осквернение означает (вопрос) «что это?», то есть спросил: «что вам эта работа?». И это означает, что «погибли оба».

«Если же в поле встретит мужчина»[4]. Ступень «работа в поле» (означает, что) во время работы лежал с ней. Таким образом, занимался Торой и заповедями с целью получения, хотя знал, что это запрещено, так как она обручена с человеком, как сказано выше. Тогда «девице не делай ничего…, потому что встретил ее в поле, кричала отроковица… но некому было спасти ее»[5]. То есть он чувствует, что она кричит: «грешник, не трогай меня», – ведь запрещено работать с намерением получать для себя. «Но некому спасти ее», так как человек не может преодолеть свойство получения для себя, и это называется свойством «поле». И если во время работы хочет преодолеть свойство получения, тогда святая Шхина оживает и, как сказано, он видит в ней величие и важность.

2 Дварим 22:23
3 Дварим 22:24
4 Дварим 22:25
5 Дварим 22:26, 22:27

И каждый, приверженный работе ради отдачи, которая является жизнью, мертв, так как получил ради себя этот уровень, (который называется) жизнь, притянутый от нее. Тогда он мертв, и жалуется, что больше не может работать, что это под силу только человеку, который родился с острым умом, хорошими качествами, честным характером, а он родился с недостойными качествами, поэтому не в состоянии продолжать эту работу. И это называется смертью, и уже нет у него сил, продолжать эту работу, которая была бы для него жизнью.

Но Творец милосерден, Он воскрешает мертвых с большим милосердием. И пробуждается человек к жизни, пройдя несколько перевоплощений в одном теле или в нескольких телах, как сказано «потому что не будет отторгнут от Него отверженный»[6], и удостаивается слиться с этой ступенью навеки.

5. Намеренные прегрешения становятся заслугами

Суть того, как намеренные прегрешения становятся заслугами, может понять тот, на кого свалилась какая-то неприятность, тяжелая проблема или беда. Грех, который проявляется в этом случае, настолько велик, что может привести человека к падению в эгоистические желания (клипот). Это называется «первое раскаяние».

А если он «возвращается к Творцу из страха» и совсем не рад своим мыслям, это ему засчитывается как ненамеренное прегрешение, то есть не как грех, а как ошибка. Иными словами, было бы лучше, если не было бы никаких плохих мыслей, но сейчас, когда они уже пришли, нет выбора, а только укрепить себя в принятии власти Творца.

И существует также ступень «возвращения из любви», когда человек принимает власть Творца с любовью и доволен, что Творец возбуждает в нем эти злые мысли, потому что с их помощью он может выполнить заповедь. Это подобно пламени на фитиле: злые мысли – фитиль, который желает использовать испорченные свойства для своей работы. Подобно тому, как мысленно объясняет себе, что с точки зрения разума и знаний нечего ему делать в работе ради Творца. В момент, когда человек получает эти злые мысли, он говорит, что не хочет оправдываться никакими отговорками, что верно только то, что говорят его знания, – а истина в том, чтобы идти верой выше знания.

И это подобно пламени веры над фитилем злых мыслей, что только сейчас он может осуществить выполнение заповеди самой веры, и его проблемы становятся его заслугами, а иначе не было бы возможности посредством веры удостоиться заслуг. Это состояние, когда мозг в страданиях, и его страдания связаны с тем, что злые мысли огорчают его и приводят к преступным поступкам, сплетням и злым словам о работе ради Творца, но при этом он доволен, что теперь может сделать что-то в вере выше знания. Это называется «радость заповеди».

Нельзя даже поднять руки без молитвы и желания, что означает, что необходимо понять значение зла. Выяснение смысла «разум» нужно, чтобы быть готовым к бою, чтобы было средство (сосуд, инструмент) одержать победу. А если нет у него этого, нельзя заниматься выяснениями качеств, которые могут обнаружить грех. Это означает, что он еще не готов получить ступень «разум», но должен готовить себя к тому, что, если тело не хочет подняться на эту ступень, надо продолжить использовать молитву,

---

6 Шмуэль II, 14:14

надеясь, что Творец поможет ему принять на себя Его власть – власть Высшего управления.

В этом смысл того, что «запрещено поднимать руки»: «Руками» называется ступень постижения и получения. «Поднятие рук» – означает, что он выводит себя из состояния получения света мудрости как в разум, так и в сердце, без молитвы, чтобы не было никакой зацепки для сил зла. И как только обнаруживает, что не может идти этим путем, пусть начнет молиться. То есть, если не может продвигаться усилием воли, то должен продвигаться в молитве. Но если не может молиться, то запрещено ему выполнять духовную работу.

6. Нееврей, хранивший субботу, должен умереть

«Нееврей, хранивший субботу, должен умереть». «Преврати свою субботу в будни, но не вознуждайся в людях». «Встреча субботы должна начинаться с предыдущего дня». Проклятие змея в том, что прах будет ему пищей. «Ученик Мудреца» – духовная ступень, называемая также «суббота», хотя простолюдин считает, что суббота для него.

Есть духовная ступень, называемая «будни», и духовная ступень, называемая «суббота». Будни – это шесть дней деятельности, время работы, когда человек обязан проверять и отделять между святым и повседневным – где святое, а где наоборот.

Время (состояние) принятия человеком власти Творца навечно, то есть когда нет у него больше дум и сомнений, называется «встреча субботы». Состояние ощущения человеком Творца называется «царица суббота». Пока не закончил ещё свою работу, ощущает себя «в прахе», а после исправления называется «встреча царицы».

Смысл выражения «пойдём, любимый, навстречу невесте» заключается в единении Творца с человеком. Но, пока ощущает себя «в прахе», нельзя сказать: «Пойдём, любимый»... Человек сам способствует этому разделению, он сам говорит, что не надлежит Творцу объединяться с такой работой, основы которой строятся на получении, а не на вере выше знания.

Поэтому в то время, когда человек собирается встречать субботу, он, естественно, находится пока ещё в состоянии «будни». Но после того как встретил субботу, находится в состоянии «суббота». Это значит, что запрещена любая проверка, ведь это – время отдыха, и сама святость этого дня запрещает всякую работу по разделению.

Но, если случайно человек обнаружил, что нет у него «трепета перед небесами», думает, что нельзя делать проверку в субботу, так как в этот день запрещено работать, как сказано: «нееврей, хранивший субботу, должен умереть», то он клянётся душой своей, что не займется сейчас работой по принятию на себя ига Небесного Царства, ведь сказано мудрецами: «Заповеди для того, чтобы помогать человеку жить, а не для того чтоб умереть».

Это означает, что спасение души важнее соблюдения субботы. Поэтому, если человек видит, что нет у него «трепета» – значит, нет у него «жизни», ведь только принятие на себя ига Небесного Царства, присоединяет его к Источнику Жизни. Поэтому, если человек чувствует, что он всё ещё нееврей, но хочет соблюдать субботу, тогда нееврей, что в нём, должен умереть.

Также советуют ему принять веру окружающих его людей, чтобы смог сказать: «Ведь вижу я, что все люди в городе занимаются Торой и заповедями, так зачем же мне думать и заниматься работой по выяснению?» Об этом сказано: «Преврати свою субботу в будни, но не возбуждайся в людях», – что значит: запрещено перенимать основы веры у людей, а должен проверить, строится ли его вера только на зависимости от Небес, как сказано: «Будет пища твоя в руках Неба». Тогда он называется «ученик Мудреца». «Мудрецом» называют Творца. Но не будет учеником людей, чтобы смог выучить от них только «одну букву» (веру).

Об этом сказано, что достигший ступени «ученик Мудреца» находится в состоянии «суббота», то есть тот, кто удостоился получить веру – ощущение Творца навечно, тот отдыхает от своей работы. По этой причине простолюдин, то есть тело человека (его эгоизм) подчиняется законам субботы, как сказано: «недобрый ангел против воли своей ответит: "Амен"».

Сказано о змее: «Прахом будет питаться». Значит, всегда есть у него пища, и поэтому не нуждается в Творце. Если работа человека «ради себя» и основана на зависимости от людей, называющихся «прах земной», то есть он нуждается только в людях, а это он всегда может получить, тогда навсегда останется на неживом уровне.

Однако если человек не согласен оставаться на уровне «змей», то есть в желании получить для себя, а хочет работать над желанием отдавать, тогда он нуждается в Творце. Змей, чьё проклятие в том, что не возбуждается в помощи Творца, постоянно находится в своём низменном состоянии и не сможет выйти из него, если Творец не поможет ему, потому что весь мир содержит его, и постоянно будет нуждаться в людях. Но, если человек идёт дорогой Творца, а не путём остального человечества, тогда удостаивается найти милость в глазах Создателя.

Ведь именно о том, кто нуждается в помощи Творца, сказано: «Приходящему очиститься – помогают». И объяснено в Книге Зоар: «Чем помогают? – Душой», – тем, что Творец даёт ему святую душу, и с помощью этой силы он может себя очистить. И каждый раз, когда возникает в человеке желание ещё больше очистить себя, но тех сил, которые он получил от духовной ступени «нефеш», не хватает ему, а достаточно только для исправления желаний, которые у него были до этого, тогда поднимают его на следующую духовную ступень «руах».

Ведь если получил свет уровня «нефеш», но чувствует, что есть у него ещё желания, подлежащие исправлению, а та вспомогательная сила, которую получил, недостаточна ему, чтобы очистить эти желания, тогда он молится и просит ещё раз помощь у Неба, и обязаны дать ему ещё большую силу, чем получил до этого. Поэтому дают ему сейчас свет ступени «руах» и т.д. – пока не получит весь предназначенный ему свет.

7. Исправление линий

Исправление в трёх линиях: правая определяется белым светом (ловен де аба) свойство Творца, хасадим, то есть внедрением света хохма внутрь малхут (желание получить свет Творца). И оттого что существует сокращение на желание получать для себя, малхут (создание) обязана вернуться в нижнее состояние, так как не способна преодолеть (делать масах на) поступающий свет хохма, чтобы не насладиться для себя.

И это значит, что человек чувствует, что нет вещи более отвратительной, чем работать на себя. Но получать для других (леашпия) пока что не в силах. А потому необходимо обратиться к «одэм де има», то есть к левой линии, ор хохма.

Это подобно человеку, имеющему пять органов чувств, и чтобы все они были задействованы для какой-то определённой цели, необходимо проверить их во время действия «ловен де аба». И тогда увидит (человек), что не стоит применять для себя, так как чувствует, что опустошён, и нет никаких ощущений и жизненных сил, и находится как во сне, а использовать и работать с духовными свойствами и ощущениями не может, так как ещё не постиг. И в этом также есть цель и продвижение.

А жизненные силы работать на Творца – «получать, чтобы отдавать» то, что уже постиг, он должен получать от левой линии «одэм де има», что называется малхут (творение) наслаждается и подпитывается из Бины – источника желания отдавать («леашпиа»), то есть чтобы «рацон лекабель», его желание получать, прониклось желанием отдавать (ашпаа). И если сделает сочетание этих двух противоположных стремлений (зивуг), свою внутреннюю духовную работу, то благословится во всех своих делах. А это значит, что высший свет объединит эти две силы в новое состояние – «кав эмцаи» (средняя линия).

То есть Высший свет объединит эти две линии: правую и левую, – и это оптимальное новое состояние называется «шлемут» – полное совершенство и гармония.

8. Таков путь Торы (1)

Сказано: «Таков путь Торы – живи жизнью страданий...». И это потому что у работающего ради Творца тело (желание эгоистически наслаждаться) не наслаждается, потому как не получает ничего. Но когда приучают «тело» работать в свойстве отдачи, посредством этого удостаиваются тогда такого свойства как «наслаждаться наслаждением Создателя». То есть, работая ради Творца, получают наслаждение, и это называется «пути Торы – пути удовольствия».

9. Ограда мудрости – молчание (1)

«Оградой мудрости является молчание». Чтобы удостоиться света хохма, должны мы прежде исправить наши желания, чтобы приобрели они свойства альтруизма. Поэтому исправление заключается в молчании, в подавлении эгоистических желаний. Тогда является в человека свет хохма – свет мудрости.

10. Кого Творец полюбит, того Он убедит

«Кого Творец полюбит, убедит» – то есть тому, кого Творец любит, Он посылает страдания для того, чтобы почувствовал боль от того, что не следует путём Творца. Страдания и вынуждают человека принять на себя качества Творца. Вместе с тем, тот, кто не чувствует никаких страданий от того, что не следует путём Творца, не получает никаких советов относительно своей души, чтобы избавиться от этого и вознестись духовно.

11. И боязнь, и страх

«И боязнь, и страх перед вами будет на всяком животном земли...» РАШИ комментирует: «До тех пор, пока однодневный младенец жив, нет необходимости оберегать его от мышей. Но если Ог, царь Башана, умер, нужно его оберегать».[7]

Все сопротивление нечистых сил состоит в том, что показывают они человеку жизненную необходимость материального в этом мире, и что не стоит пренебрегать этим ради того, чтобы удостоиться мира духовного. Но когда человек всё же удостаивается выхода в духовное, тогда всё материальное теряет своё влияние на него, так как всякое материальное существование основано только на желании получить. И поэтому с выходом человека в духовный мир оно само собою превращается для него в ничто.

Существует правило, что желание получить – это качество, ведущее к смерти, а желание отдавать зовётся жизнью, так как это желание ведёт человека к единению с источником жизни – Творцом. Поэтому если человек удостаивается идти по пути отдачи, хотя и находится пока в состоянии младенца, всё же считается уже живым. И тогда «животные земли», все его животные желания, преклоняются перед ним, так как всё существование зла, то есть жизненная сила материального, зависит только от желания получить.

12. Весь мир насыщается в заслугу Ханины, Моего сына (1)

«Весь мир насыщается в заслугу Ханины, Моего сына, а Ханина, Мой сын, обходится горстью стручков рожкового дерева от одной субботы до другой».

И нужно разъяснить это со стороны духовной работы. То есть у того, кто следует путями Творца, этот период работы называется буднями, как сказано: «кто не трудился накануне субботы», – и хватит ему, то есть достаточно ему, если ощущает вкус харувин (свойство веры), чтобы мог отдыхать от работы. Но вместе с этим он хочет, чтобы благодаря его усилиям в работе, когда не ощущает никакой выгоды, у него был бы только вкус харувин (веры).

Известно, что «приложил усилия и не нашел – не верь» (Мегила 6:), и он желает, чтобы посредством его работы и усилий продолжилось изобилие и благословение на весь мир, то есть чтобы вся жизненная сила и постижения света Торы явились бы всему миру. И об этом написано: «Весь мир насыщается в заслугу Ханины, Моего сына» (Таанит, 24). А почему поступает так? Поскольку есть в нем очарование святости, поэтому назван именем Ханина, от слова «хен» (очарование, прелесть). И тогда он удостаивается ступени субботы. Поэтому тот, кто не трудился накануне субботы, что будет есть в субботу?

Если так, то не надо затрудняться тем, что, если Ханина притянул свет Торы на весь мир, отчего они не постигают свет наслаждения, а только Ханина удостоился ступени субботы? А это только потому, что нет у них сосудов получения, а заботы – это суть

---

[7] Санедрин 98.

исправления, создание сосудов, внутри которых изобилуют света. И об этом сказано: «Тот, кто не трудился накануне субботы, что будет есть в субботу?» (Авода Зара, 3). И хотя Ханина притянул свет субботы для всего мира, но нет у них сосудов получения. Но работающий на Творца должен самостоятельно избрать путь, чтобы ничего не получать, и это называется уровень харувин (веры).

13. Вот рука на престоле Всевышнего (1)

«И сказал он: "Вот рука на престоле Творца, что война у Творца против Амалека из рода в род"» (Шмот, 17:16). И разъяснил РАШИ: «Поклялся Всевышний, благословенно Его имя, что не будет Его имя полным и престол Его совершенным до тех пор, пока не сотрет имя Амалека». Из этого следует, что имя разделилось пополам.

И чтобы понять это, необходимо, прежде всего, пояснить следующую фразу: «Буквами юд и кей Творец сотворил миры». Это означает, что двумя буквами юд и кей своего имени Творец создал миры. В Мишне сказано: «Десятью повелениями сотворен мир. Чему это нас учит? Разве он не мог быть сотворен одним повелением? Но (это), чтобы взыскать с преступных, которые губят мир, сотворенный десятью повелениями» (Пиркей Авот, глава 5:1).

Известен трудный вопрос о том, что Творец приходит с претензией к своим творениям. И это подобно тому, кто дает своему товарищу на хранение чашу стоимостью в одну лиру, и при ее утере должен будет заплатить только лиру. И хозяин идет и платит десять лир, будто за это он должен заплатить десять лир.

Дело в том, что вначале Творец сотворил мир свойством суда (бэ мидат а-дин), а когда увидел, что мир не может таким образом существовать, то остановился и привлек к нему свойство милосердия, чтобы с помощью этого сочетания была бы у человека возможность прийти к своему совершенному состоянию. А если бы остался только со свойством суда, то не было бы у человека возможности выйти из своего злого начала.

И об этом сказано: «И наделить добрым воздаянием праведных», — то есть, что с помощью исправления свойством милосердия, называемым десятью повелениями, возможно существование мира.

«И взыскать с преступных» — то есть теперь, когда дана им возможность выйти из-под власти злого начала, всё равно они не желают и поэтому губят мир, несмотря на присутствие в мире исправления десятью повелениями, когда исправить его намного легче, чем до исправления, то есть при одном повелении.

14. Так скажи дому Якова

«Так скажи дому Якова» — то есть женщинам, и говори им только основные вещи, то, что они способны слышать, и «скажи сынам Израиля» — этим людям говори всё подробно, то, что способны слушать. Но почему женщинам сначала? Потому что они быстры в исполнении заповедей. А почему женщинами? Чтобы направляли своих сыновей к Торе.

Сказал раби Тахлифа из Кейсарии: «Сказал Творец, что когда создавал мир, то указывал только Адаму Ришон, а потом наставлял Хаву, и она прегрешила и испортила мир. Сейчас, если я не призову сначала женщин, то они будут относиться с пренебрежением к Торе. Поэтому сказано: "Так скажи дому Якова"».

И надо понимать:
- Почему женщины более расторопны в исполнении заповедей, чем мужчины.
- Почему надо сначала говорить женщинам, потому что они направляют сыновей к Торе, а поскольку сказали сначала мужчинам, не согласились направлять сыновей к Торе.

Кажется, что как будто бы боится женщин, чтобы не испортили мир, если не окажет им уважения, не сказав им прежде, чем мужчинам.

Как можно сказать, что из-за чести, оказанной Творцом, когда отдал указ Адаму Ришон прежде Хавы, она прегрешила и испортила мир, что похоже на то, что Хава как будто бы мстила за это.

И это можно объяснить с точки зрения духовной работы: мужчина и женщина рассматриваются в одном человеке, и когда человек выполняет действия ради получения и наполнения своих потребностей, то есть проявляет свое женское начало, то он называется женщиной, а в то время, когда человек выполняет действия на отдачу, то называется мужчиной.

Известно, что любой человек – не больше, чем желание получать. И порядок работы таков, что начинаем с желания получать, что называется ло лишма. А затем приходим к лишма.

Поэтому порядок: «так скажи дому Якова» – женщинам. Скажи им основные вещи, то есть в начале работы запрещено им говорить, что надо работать лишма, поскольку человек не способен начать работу с лишма.

А затем, «и скажи сынам Израиля» – тем людям, которые уже способны работать лишма, то есть на отдачу. И сказать им надо все тонкости вещей, которые они способны слышать, то есть что уже они способны слышать о лишма. И они должны тщательно выполнять все ради лишма. Таково разъяснение понятия «тонкости вещей» (подробностей работы).

Иное дело, почему сначала женщины, потому что они быстры в исполнении заповедей, то есть в ло лишма, что означает, намереваются получить вознаграждение за свою работу, тогда тело поторапливает человека. А что касается отдачи, то тело не согласно, чтобы человек работал, и тем более поторапливать его.

Поэтому, когда человек начинает работать ради получения, он приучает себя быть расторопным в работе. И тогда эту привычку сможет использовать так же в то время, когда начнет работу на отдачу, потому что кли расторопности уже приобрел в период ло лишма.

Другое дело, потому что направляют сыновей к Торе, ведь сын и отец – это вопрос причины и следствия. То есть если изначально причиной является получение, тогда это приведет к тому, что он захочет и далее работать в Торе и заповедях.

Но в отношении отдачи телу трудно приложить дополнительные силы, и каждый раз необходимо укрепляться вновь. А в период ло лишма (тело) дает силы каждый раз добавлять.

И благодаря тому, что человек привыкает к работе в период подготовки, у него уже есть готовые келим для работы в то время, когда начнет идти по пути отдачи.

А во время сотворения мира сначала было дано указание Адаму Ришон. И это согласно тому, что было написано в святой Книге Зоар, что у Адама Ришон не было ничего, то есть у него вообще отсутствовало свойство получения, что он был ВАК, свойством тет ришонот (смотри в предисловии к книге «Паним Меирот уМасбирот»). И в этом отношении все было хорошо до тех пор, пока не произошло соединение с желанием получать, которое называется Хава, которое не прошло подготовки в ло лишма, когда только и можно организовать желание получать так, чтобы получение было ради отдачи.

Поэтому, когда пришло желание получать, называемое женщина, а уровень лишма он уже достиг сам, как корень получающих келим, поэтому она прегрешила и испортила мир, поскольку у нее отсутствовала подготовка в ло лишма на желание получать, как сказал РАМБАМ, что вопрос лишма нельзя раскрывать одновременно, а только постепенно.

Поэтому, когда открылось лишма у женщины, она немедленно прегрешила и испортила мир, поэтому необходимо сначала говорить женщине, то есть женщинам, и говорить им только основные вещи, то есть ло лишма.

15. Установления

В «Мидраш Раба» написано: «Иное дело законы эти. Есть у народов мира законы, и есть у Израиля законы, и ты не знаешь, что в них. Притча о больном, к которому пришел врач. Он сказал домочадцам кормить его всем, что пожелает. Зашел к другому больному, и сказал им остерегаться давать ему определенную пищу. Спросил его: [почему] первому разрешил есть все, что захочет, а второму что-то запретил есть? Ответил им: первый не выживет, поэтому я разрешил ему есть все. А второй будет жить, поэтому я сказал им оберегать его. Народы мира судят и не занимаются Торой, и не выполняют ее, как сказано: "И Я также дал им (придерживаться) обычаев недобрых и законов, по которым нельзя жить" (Йехезкель 20:25). Но, что сказано о заповедях? Исполняя которые, человек будет жив ими» (Ваикра 18:5).

И надо понять:

- В высказывании Йехезкеля, которое приводит Мидраш, речь идет о законах народов мира, а не о законах народа Израиля.
- Из притчи, где врач разрешает кормить больного всем, что пожелает, то есть что у него нет никаких ограничений, и из фразы обычаев недобрых и законов, по которым нельзя жить, следует, что существуют законы и ограничения. И это противоречит сказанному в притче.

Надо объяснить, что когда Мидраш говорит о том, что у народов мира есть законы, то имеются в виду не народы мира, а Израиль. А то, что называет законами народов мира, то есть это все заповеди, которые они выполняют, и разум их вынуждает к этому, и не идут путями веры, чтобы достичь лишма, – этот разум называется судом народов мира. И поэтому все, к чему этот суд приговаривает – это только ло лишма. То есть у него нет намерения достичь, благодаря этому, слияния с жизнью, поэтому, получается, что по ним нельзя жить. И об этом сказано: «Кормить его», – то есть его жизненной пищей будет все, что он попросит, то есть у него нет особых условий, поскольку он не для жизни, поэтому не так важно, что он делает.

Но если законы относятся к Израилю, сила суда которых [предназначена] для Израиля, которые исходят из веры в достижение слияния [с Творцом], то в них есть особые условия: ему позволено получать жизненную силу не от всего. А во всем надо остерегаться, чтобы не «съесть» что-то определенное, то есть чтобы не получить жизненную силу даже от заповедей и добрых дел, если это не ведет к слиянию. И это означает, чтобы не ел нечто определенное, то есть чтобы не получил жизненную силу от этого, то есть эгоистически.

И согласно этому улажены два сложных вопроса:

1. Что имеется в виду «Израиль, а не народы мира».
2. Что и в состоянии ло лишма есть заповеди и законы, но не добрые, как сказано мудрецами: «Если не удостоится, станут для него ядом смерти». Должны стараться, чтобы установление относилось бы к Израилю, и тогда удостоятся слияния с Источником жизни.

16. Вот исчисления Мишкана (Скинии)

«Вот исчисления Мишкана, Мишкана свидетельства».

В Мидраш Раба сказано: «Почему "Мишкан" написано два раза? Сказал раби Шмуэль: "Потому что закладывался два раза". Об этом говорят мужи Великого собрания: "Виной повинны мы". Но нет вины, ибо есть Мишкан, как сказано: "Да не возьмёт в залог". И о чём свидетельство? Сказал раби Шимон: "Свидетельство для всех жителей мира, что есть прощение Исраэлю"».

Следует понять, что означает «Мишкан». В мире принято, что тот, кто даёт ближнему деньги взаймы и хочет быть уверен, что тот вернёт ему долг, берёт у него залог.

А что означает здесь «Мишкан»? Когда Творец забирает обратно Храм за то, что Исраэль должны были заплатить и не заплатили, из-за чего Он забрал Мишкан, чтобы быть уверенным в том, что залог будет выкуплен (слова «Мишкан» и «залог» имеют общий корень шин-каф-нун). И что означает «свидетельство»? И почему тут же указывается на то, что Мишкан закладывался два раза?

Сказано в Книге Зоар: «Вот исчисления Мишкана. Раби Шимон сказал: "В начале создал Творец", – что общего между "в начале" и "исчисления Мишкана"?» В Большом Мидраше сказано: «В начале создал ... создал из ничего». И следует понять, что означает сущее из ничего.

Прежде следует понять, кто такие мы, почему нам нужно вернуть долг и выкупить Мишкан, какова цель творения; творением называется желание получать, и это называется «сущее из ничего», а необходимость скрытия обусловлена хлебом стыда.

Раби Йоханан и раби Элазар говорят, что когда человек нуждается в (помощи) других, его лицо меняется, как (у птицы) «крум». Об этом сказано: «Крум вызывает у людей пренебрежение». Что такое «крум»? «Это птица, живущая у моря, она называется "крум", в час восхода солнца она окрашивается в разные цвета» (Талмуд, Брахот:6, стр. 2).

Солнце – это отдача. «У моря» – означает на берегу моря. «Морем» называется свет хохма.

«Птица» означает, что человек поднимает себя над материальным миром, как летящая птица, которая поджимает ноги и расправляет крылья. «Ноги» означает «соглядатаи» (реглаим-мераглим, общий корень рейш-гимел-ламед), а «крылья» означает «покрытие», как сказано: «Двумя (крыльями) покрывает лицо своё». А «покрытие» означает – вера.

И когда свет проявляется ему, он стыдится, то есть ощущает хлеб стыда. Храм – это раскрытие наслаждений, называемых «присутствие Шхины».

«Оплата» означает получение ради отдачи. Получение Мишкана указывает на то, что в самом начале есть свидетельство о прощении. То, что Творец не взял Храм обратно, касается только Торы Мишкана, а в будущем Он вернёт нам его.

Поэтому есть свидетельство о прощении, то есть Он помышляет вернуть нам, когда мы вернём долг, это означает, что у нас будет свойство отдачи и слияние (с Творцом).

17. Шхина

Шхиной называется место, где раскрывается Шохэн, то есть Творец, как написано: «Слава Творца наполняет всю землю». Есть скрытие Творца, но там, где есть Его раскрытие, это место называется Шхиной. Поскольку мы говорим относительно Шхины, то мы называем Творца Его именем, то есть по Его раскрытию в Шхине.

Другими словами, то, что раскрывается в малхут, раскрывается с целью передать раскрываемое низшим. То есть мера раскрытия Творца определяется только относительно творений, а относительно Творца вообще не существует такого понятия, как скрытие или раскрытие.

Так, например, невозможно сказать относительно самого человека, что он скрыт или открыт, а эти понятия можно применить только по отношению к постороннему, наблюдающему его. Подобно этому, так же и в духовном: определение раскрытия или скрытия касается только относительно творений.

Поэтому, когда мы говорим относительно Шхины, то есть той меры, в которой Творец раскрывается низшим творениям, то Шхина и Творец считаются, как одно целое, но когда говорится о Творце, то имеется в виду ступень скрытия, а когда говорится о Шхине, то подразумевается ступень раскрытия, что Шохэн (Творец) находится в раскрытии.

И когда мы говорим о единстве Творца и Его Шхины, то имеем в виду переход от стадии скрытия к раскрытию. Так, когда говорится, что человек удостоился присутствия Шхины, то имеется в виду, что он удостоился раскрытия Творца, и мера этого раскрытия называется Шхина.

И когда мы называем Шхину собранием душ народа Израиля, то, как было сказано выше, имеется в виду раскрытие Творца относительно творений. Таким образом, Шхина называется мерой раскрытия низшим Творца, облачающегося в их желания. Ведь желания относятся к творениям, и поэтому душа называется частью Творца. Понятие «часть» – это, когда желание получать обращается исправлением в желание отдавать, вследствие чего раскрывается в нем свет Творца.

Но творениям раскрывается только «часть» от этого света, то есть только та мера, в которой Творец пожелал, чтобы творения познали Его. Из этого следует, что душа – это раскрытие Творца, в той мере, в которой творения в состоянии получить это раскрытие. Поэтому душа является частью Шхины, называемой «собрание душ народа Израиля».

Другими словами, в той мере, в которой Творец пожелал, чтобы творения познали Его, что называется желанием Творца насладить свои творения, в той мере душа – это часть Творца, то есть та часть, которую творения могут ощутить в мере своей пригодности этому.

Поэтому сказано мудрецами (Шир аШирим, 1), что «голос Моше – как 600 тысяч». Что означает, что Моше удостоился такой меры раскрытия Творца, которую был в состоянии раскрыть народу Израиля, состоящему из 600 тысяч душ. И как сказано: «Шхина говорит устами Моше», – что означает, что Моше удостоился полного раскрытия Шхины.

18. Об облачении души

В меру приложенных человеком усилий в постижении Торы и заповедей, то есть в той мере, в которой он может пренебречь своими эгоистическими желаниями, чтобы уподобиться духовному, альтруистическому, в той мере создаётся человеку некое «облачение» в Высших мирах, представляющее собой отраженный свет, альтруистическое намерение, в которое сможет он облачиться, облачить свои обнаженные, эгоистические желания, одеть их в намерение ради Творца, и, в мере уподобления своих качеств свойству света, человек постигает, начинает ощущать Высший мир.

Известно, что в духовном действует закон подобия свойств, то есть чтобы достичь духовного ощущения, ступени, необходимо принять на себя подобие такого свойства, которое действует на этой ступени, быть достойным (быть подобным) того, чтобы раскрылся в мере подобия свет Творца.

Если человек приложил какое-либо антиэгоистическое усилие, само это усилие создаёт в человеке правильное желание и потребность в наполнении светом. Наполнение светом означает наслаждение свойством света, наслаждение от отдачи. Нет в мироздании большего наслаждения, чем наслаждения от отдачи Творцу!

Всё, что дают человеку свыше, дают только по мере и в меру готовности к получению, то есть усилие, исправление, исправленное желание сами обращаются светом. Усилие человека порождает в нём желание, потребность того, чтобы помог ему Творец выйти из того эгоизма, в котором он создан, и из которого пытается вытащить себя сам ценой огромных усилий. Но если бы не это усилие, то не возникла бы потребность в помощи Творца. Именно затраченный труд даёт человеку «одеяние», подобие свойств высшему, одеяние, в котором Творец сможет раскрыть Себя.

19. Начало – это связь с Творцом

Существует правило, что уровень наших суждений соответствует нашему духовному постижению. Также и связь от Творца к творениям берёт своё начало от Его желания насладить творения. Это является свойством мира Бесконечности. Поэтому не имеет смысла задаваться вопросами: почему Творец возжелал насладить; что явилось причиной, побудившей Его к этому? Ведь наше восприятие Творца начинается с ощущения (с уровня) того, что Он желает насладить (и не выше этого уровня) – это Его желание является наивысшим достижимым для нас. Что же было прежде этого желания, мы не можем познать.

Но если мы спрашиваем: «На чём основывается это проявленное Его свойство «желание насладить»? Что было той причиной, существовавшей прежде желания Творца?» – то мы уже спрашиваем о том, что существовало прежде того, как проявилась связь между Творцом и творениями. А это находится выше возможности нашего постижения.

Да и само Его свойство «насладить» постигаемо нами только из проявленных относительно нас действий Творца. То есть из того, что разрешилось у нас что-то к лучшему, становится нам понятно, что желалось добро.

20. Желание получать

Согласно цели Творения человек должен прийти к такому состоянию, когда получение им наслаждения будет равносильно отдаче. Только такая форма наслаждения разрешена ему, тогда как получение ради себя запрещено.

Но ведь в итоге он всё равно наслаждается, потому что иначе не будет у него никакой возможности для отдачи, так как не существует в мире ничего, что мог бы совершить человек, если не может извлечь из этого хоть какое-то наслаждение.

Например, если пришёл к человеку убийца и просит отдать ему все имущество, то, конечно же, человек выполнит его требование и отдаст ему всё, что он попросит. В таком случае мы должны сказать, что у человека есть наслаждение от того, что он отдал своё имущество, иначе не отдал бы ни за что.

Ведь в чем отличие того, чтобы отдать деньги убийце, от того, когда человек отдает свои деньги, приобретая дом? И в том, и в другом случае он получает наслаждение, потому что с помощью денег приобретает нечто более важное для него, чем сами деньги. Так, если нуждается человек в доме, то дом для него важнее денег, иначе не отдал бы за него деньги.

Также и в случае с убийцей: жизнь, которую человек получает сейчас в обмен на деньги, для него намного важнее самих денег. Таким образом, он меняет меньшее наслаждение на большее. Из этого следует, что не делает человек ничего в мире, если не получает при этом удовольствия. Значит, отдавая Творцу, человек наслаждается сам, иначе не делал бы этого.

В чем же тогда разница, наслаждается ли человек от получения или от отдачи? Запрет на получение основывается на том, что действие это вызывает чувство стыда у получающего. И потому было сделано такое исправление, после которого получение возможно только с намерением доставить этим наслаждение. Ведь если всё удовольствие творения только от того, что оно наслаждает кого-то, то это не может вызывать чувство стыда. Когда один человек дарит другому подарок, конечно же, дающий получает при этом удовольствие, а поскольку его удовольствие — от отдачи, то не испытывает никакого стыда, ведь не стыдится богатый давать бедному, хотя и сам при этом наслаждается.

Что изменилось с тем, что разделилась общая душа, называемая Адам Ришон, на 600 тысяч душ? Бааль Сулам приводит по этому поводу пример с царем, который пожелал перевезти свои несметные сокровища, но боялся дать их в одни руки, ведь посыльный может украсть все богатства царя. Что же сделал царь? Поделил всё свое богатство на мелкие монеты и дал переправить множеству людей, и так переправил свою казну в иное место.

Но какая разница, есть ли у человека большое желание или маленькое, если ни тому, ни другому не в силах он противостоять? Но мы видим, что против маленького наслаждения человек устоять может, тогда как противостоять большому наслаждению ему очень и очень трудно.

Чтобы была у человека свобода выбора, разделение «половина на половину», произошло разделение общей души, называемой «Адам Ришон», на мелкие части (600.000 частей). Поэтому Адаму было запрещено пользоваться плодами Древа Познания, так как это приводит к перевесу, и нет у него тогда возможности выбора. Поэтому в каждой частной душе сегодня есть только часть от общего желания, чтобы была у человека возможность выбора.

Желание получать является сущностью человека и называется «сотворенным из ничего», тогда как всё остальное, то есть всё, наполняющее это желание, всё, что существует в мире, исходит из того Единственного, кто существует, – из Творца.

21. Освящение месяца

Сказано в Торе (Шмот, 12): «Этот месяц будет у вас началом месяцев...» Говорит РАШИ, что это вызвало затруднение у Моше – определение момента зарождения Луны, новолуния: как она должна выглядеть, чтобы быть пригодной для освящения? Поэтому указал Творец ему «пальцем» на Луну и сказал: «Когда увидишь такую, тогда освящай».

Возникает вопрос: почему вызвала затруднение у Моше форма освящения Луны? А также на что намекает нам сказанное, что Творец указал Моше на Луну «пальцем»?

Объясняет Бааль Сулам: под Луной подразумевается малхут, что означает принятие на себя «власти Небесного Царства». Поэтому Моше был в затруднении: как сказать народу Израиля, чтобы принял на себя «власть Небесного Царства» – малхут, в момент, когда чувствуют скрытие Его? Ведь разумней было бы, если бы Моше пришёл к народу Израиля с просьбой принять на себя власть Небес в момент, когда они ощущали раскрытие Творца. Тогда Моше мог бы разговаривать с ними об этом.

Дело в том, что человек должен принять на себя власть небесного царства, находясь в своём самом низком состоянии, ниже которого уже быть не может, что, несмотря на это, всё равно идёт выше своего разума и ощущений, не принимая их в расчёт как свою основу. Это называется, что он находится между небом и землёй и ему не на что опереться. И это называется, что он идёт выше своего разума.

И тогда человек говорит, что Творец послал ему такое низкое состояние специально для того, чтобы именно в таком состоянии он принял на себя «власть Небес». И тогда он принимает на себя эту власть потому, что верит выше разума в то, что это его состояние исходит от Творца, то есть именно Творец желает того, чтобы человек увидел своё самое низкое состояние, какое только возможно.

Но, несмотря ни на что, человек должен верить в Творца при любых обстоятельствах, что называется подчинением без всяких условий. То есть человек не говорит Творцу, что «если бы Ты дал мне почувствовать Твоё величие, то тогда я бы был готов поверить в Тебя, а когда у меня нет никакого знания и ощущения духовного мира, я не в состоянии принять на себя власть небесного царства и выполнять Тору и заповеди». На самом деле, как было сказано выше, человек обязан принять на себя власть небес без всяких условий.

И именно в этом видел затруднение Моше: как он может прийти к народу Израиля, когда тот находится в таком низком состоянии? Поэтому на это указал ему «пальцем» Творец и сказал: «Такую увидишь и тогда освящай», – то есть Луну в состоянии её зарождения, когда ещё не проявилась вся её полнота, совершенство.

Находим, что именно принимая на себя власть небес в состоянии падения, человек закладывает этим основу к последующему раскрытию ему Творца, как сказано (Таанит, 31): «Сказал раби Эльазар: "В будущем простит Творец праведникам все их прегрешения. Он будет сидеть среди них в Раю, и каждый будет показывать на Него пальцем, говоря: "Это наш Творец, мы надеялись на Него, и Он спас нас. Возрадуемся же сейчас Его спасению"».

Следовательно, удостоится того, что Творец укажет «пальцем» на Луну, как Он сказал Моше: «ТАКУЮ», – можно только если человек укажет пальцем на Творца и скажет: «Это мой Создатель!».

22. «Теперь, Израиль»

«Теперь, Израиль, слушай уставы и законы... не прибавляйте к тому, что Я вам заповедую, и не убавляйте от того; дабы соблюдать заповеди Творца вашего, которые Я заповедую вам» (Дварим 4:1).

И надо понять, что такое закон и что такое устав. Написанное уточняет: «Не убавляйте... которые Я заповедую вам», и в обоих случаях как в прибавлении, так и в убавлении, всё должно быть точно так, как Он заповедовал.

Есть разница между теми, кто работает ради отдачи и теми, кто желает получить награду. Кто работает ради отдачи, каждый день начинает работу заново, как в разуме, так и в сердце, и не могут они получить никакой поддержки от «вчерашнего дня, когда он минул» (Псалмы 90:4). И на самом деле нет выбора, и необходимо каждый день возвращаться к основам работы, то есть причинам, которые обязывают их идти путем истины.

Как будто бы каждый день он должен говорить самому себе, что стоит быть рабом Творца. И тело спрашивает его каждый день, когда он начинает работу: «Приведи мне причины, по которым ты обязуешь меня отдавать все мои силы ради небес». И если оно спрашивает, то должны дать ответ, иначе оно не захочет работать. И каждый день идет спор на ту же тему, задаются те же вопросы и даются те же ответы.

И когда человек продолжает работу в Торе, молитве и добрых делах, но не помнит цели этой работы, что она ради отдачи, ему легче работать, потому что тогда он тянется за массами. Но когда ему вспоминается цель в разуме и сердце, то мир «меркнет» в его глазах, потому что это против тела, называемого любовью к себе. И тогда он не может дать телу никакого ответа.

Но таков закон, и этого желает Творец, чтобы поверил Ему, что это для его пользы, что именно благодаря работе в сердце и разуме, человек удостоится достичь совершенства, и тогда и враги его станут любящими его. И это означает «всем сердцем – двумя началами: добрым началом и злым началом».

Об этом написано: «Не прибавляйте». То есть не умножайте раздумья там, где должны идти именно выше разума. Получается, если он старается понять и постичь внутри разума, это важно, и благодаря этому у него будут силы умножать в работе, потому что тело согласно там, где оно понимает внутри разума – к этому относится указание «не прибавляй». А надо верить Творцу, что, именно благодаря Ему, достигнет человек своего совершенства. Это и называется верой выше разума.

Но еще есть мишпатим (законы), где всё наоборот, и тогда человек должен стараться понять Тору внутри разума. Насколько возможно, человек должен постараться понять

Тору, которую ему дал Творец. И если он видит, что не понимает слова Торы, то он должен умножать в молитвах и просьбах. А там есть понятие «понять, постичь, учить и обучать».

И здесь обычно идет согласно второму указанию – «не убавляй», а именно умножать в Торе, как выяснялся вопрос о тфилин руки, что означает веру, как сказано «и да будет это знаком на руке твоей» (Шмот 13:16). И объясняли мудрецы «для тебя будет знаком, а не для других». То есть тфилин руки должен быть закрыт, поскольку это намек на веру выше разума, называемую небесным царством.

Тфилин головы намекает на Тору, и называется зеир анпин, об этом мудрецы приводят фразу «И увидят все народы земли, что имя Творца наречено на тебе, и убоятся тебя» (Дварим 28:10). Это тфилин головы, где есть раскрытие, как сказано «и увидят». Потому что Тора означает раскрытие, когда народы земли, что в человеке, ощущают Тору, которую притянули, и тогда «убоятся тебя», и тогда зло покоряется, а добро царит (властвует).

И это означает мишпат (закон), который устанавливает раскрытие, и запрещено убавлять от него, а только прибавлять мнение Торы. А хок (устав) – это уровень скрытия, что является верой выше разума, и запрещено прибавлять в разуме.

23. Смотри, Я предлагаю вам

«Смотри, Я предлагаю вам»... Начинает обращение в единственном числе, а заканчивает во множественном? И так же надо понять обращение «смотри» – означает ли это наглядное доказательство?

Единственное число (использовано) потому, что каждый должен удостоиться наглядного доказательства в пути, «и возлюбить Творца Твоего».

Весь народ Израиля и каждый из народа, в частности, должен удостоиться свойства «Творца Твоего». Это значит, что нельзя надеяться на другого, а каждый сам должен создать основу, на которой построена вся его работа.

И так же человек должен удостоиться наглядного доказательства, как сказали мудрецы, когда человек говорит: «И закончены были», – он свидетельствует о сотворении мира, и надо понять:

1) Это свидетельство – кому он должен предоставить?
2) Но ведь (что-то) можно засвидетельствовать только когда видишь, а не слышишь, – так какое здесь может быть наглядное доказательство, когда говорится: «и закончены были»?

И человек должен засвидетельствовать истину: Творец сотворил мир, потому что хотел насладить творения. И это именно потому, что удостоились зрения (увидеть), то есть света хохма. Когда это раскрывается, он свидетельствует о сотворении мира, что он (создан) для наслаждения творений. И это категория «шаббат», завершение действия, то есть уже раскрыта цель, которой является наслаждение творения. И это называется: «когда отдыхал от всей работы», потому что уже раскрылась цель.

24. Главное, чего нам не хватает

Главное, чего нам не хватает – ощущения важности Цели, важности достижения Цели творения. И поэтому нет у нас никаких сил для духовной работы, не знаем мы, как оценить то, что дали нам возможность служить Творцу, чтобы смогли мы познать Того, Кому должны отдать свои желания, к Которому должны направить свои стремления. Недостаёт нам осознания, ощущения величия Творца. Потому должны мы прийти к пониманию того, насколько осчастливлены мы данной нам привилегией – служить Наивысшему Правителю. Но не в состоянии мы сами, без помощи Творца, постичь Его величие.

На языке Книги Зоар такое состояние называется «Шхина во прахе» – когда возможность насладить Творца оценивается нами как прах, ничто, вследствие совершенного отсутствия в нас ощущения Его величия, силы, власти. И потому нет у нас никакого рвения к работе, к усилиям познать Творца, ведь совершенно ненужным считается это в нас.

Известно, что мы не в состоянии работать, если не получаем от этого никакого наслаждения, поэтому и нет никаких сил для работы. Но там, где подсвечивает нам возможность насладить свой эгоизм, тело вмиг оживает, стремится к вознаграждению.

В работе же на отдачу, делать усилия, чтобы получить ощущение величия Творца, чтобы были силы отдавать Ему, нет у нашего эгоистического тела никакой возможности ощутить в этом хоть какой-то вкус удовольствия. И тогда вынужден человек находиться под тяжестью своей ноши – эгоизма.

Но совсем не так, когда чувствует человек, что служит самому великому. Тогда, в мере осознания важности, значимости властителя в его глазах, в той мере есть у человека удовольствие и наслаждение от службы ему, поэтому загорается он тогда для работы: пусть побольше дают ему всякий раз силы, чтобы смог продвигаться дальше. А силы возникают только вследствие ощущения величия Творца. Всё это от того, что есть ощущение значимости, важности кому служишь.

А когда есть у человека чёткое осознание и ощущение того, что он знает, кого услаждает, тогда так же, как были у него силы работать ради того, чтобы насладиться самому, точно так же есть у него сейчас силы услаждать Творца, потому что тот, кто отдаёт кому-то очень важному, считается, словно получает от него. А так как для того чтобы получить, у тела всегда есть силы (оно всегда в состоянии работать, если взамен получает), подобно этому и в работе на Творца – осознание Его величия даёт телу наслаждение от отдачи Ему.

Тем самым понятно сказанное в религиозном законе, что отдача важному человеку приравнивается к получению от него. Мы же говорим о том, что когда получение происходит ради того, чтобы доставить наслаждение Дающему, а не ради себя, тогда получение называется отдачей, эквивалентно отдаче.

Таким же образом можем мы понять и вторую сторону этого примера, когда отдача считается получением, благодаря чему есть у человека силы для работы. Ведь если отдаёт он важному человеку, то это дает ему силы так же, как если бы он получал от него.

Из всего этого следует, что не нужно нам ничего иного, кроме как ощутить Величие Творца, и тогда появятся у нас силы для работы на отдачу Ему.

25. Приглашение к благословению на еду

В чём суть приглашения к благословению на еду, когда мы говорим: «Господа, давайте благословим»? Это похоже на подготовку и приглашение к благословению на еду.

Бааль Сулам говорит: «Мы видим, что иногда один человек оказывает услуги другому, несмотря на то, что не слышит, как получатель этих услуг благословляет его. Но, безусловно, в сердце второго есть благословения, хотя первому это не слышно. И наоборот, когда один человек делает другому какое-то зло, даже если он и не слышит проклятия того, кому сделал зло, но в сердце своём тот, конечно же, проклинает его, ведь такова природа человека».

Поэтому, когда человеку необходимо видеть и слышать проклинает он или благословляет, в том случае, когда зло и добро не открыты явно, тогда он должен прояснить свои намерения, то есть раскрыть, как он чувствует сделанное его товарищем – к добру оно или к злу.

Сказано в Торе: «Поел, насытился и благословил». И объясняли мудрецы, что, согласно Торе, только на еду, которой насытился, необходимо сказать благословение. А мудрецы Талмуда подошли к этому с большей строгостью, сказав, что даже на трапезу, которой не насытился, тоже нужно произнести благословение.

Разъясняя высказывание: «Обратит Творец Своё лицо к тебе», – затруднялись тем, что «тот, кто не лицеприятствует [не обращает лицо] и не берёт взятки», и ответили, что [со стороны Творца] «поел и насытился, и благословил», и [поэтому] они были более строги вплоть до «маслины и до яйца».

И сказал Бааль Сулам, что суть «маслины» разъясняется словами голубки: «Лучше для меня горькая, словно маслины, пища из рук Творца, чем сладкий, как мед, корм из человеческих рук из плоти и крови».

А понятие «яйца» в том, что когда мы смотрим на яйцо, то говорим, что из него может выйти живое существо, то есть цыплёнок. Но прежде чем вылупился цыплёнок яйцо не живое.

Поэтому мудрецы ужесточили требования к себе благословлять Творца даже если они не чувствуют вкуса в Торе и в работе и не ощущают в этом никакой жизни, всё равно они делают это. И тогда Творец «обращает своё лицо» к ним. То есть действие, совершённое из ужесточения требования к себе, всё равно [засчитывается] как доброе действие на самом деле.

И необходимо понять, в чем разрешение спорного вопроса: не будет ли «лицеприятия» от такого более строгого отношении к себе? Не похожа ли эта строгость к себе на взятку? То есть не будет ли Творец благосклонен к ним, получив от них взятку? Тем самым мы вернулись к первоначальному противоречию: «Творец... который не лицеприятствует и не берёт взятки».

Необходимо сказать, что есть принцип «меры против меры». То есть, как они говорят про то, что Я им даю, что это хорошее действие, так же и Я обращу своё лицо к ним и так же скажу про их действия, что это хорошие действия, то есть, что они заслуживают такого вознаграждения, как будто совершили хорошие действия.

Поэтому мы нуждаемся в подготовке, чтобы смогли благословлять, несмотря на то, что человек всё ещё чувствует, что ему не хватает хорошего влияния.

26. Кто не лицеприятствует

Сказано в Торе («Дварим», «Экев», 10:17): «Который не лицеприятствует и не берет мзды». И надо разобраться, что это значит «Который не берет мзды». Как можно дать взятку Творцу, что может быть услышано из фразы: «Который не берет мзды».

Дело в том, что все свойства Творца, о которых мы говорим, надо относить к человеку. Так, если человек привык получать взятки (то есть для самонаслаждения), то нет у него никакой возможности слиться с Творцом, поскольку слияние должно быть по свойствам. Получается, что смысл фразы «Который не берет мзды» в том, что человек должен быть неподкупным в то время, когда он желает выяснить что-то с точки зрения правды и лжи. И если есть в этих выяснениях какое-либо намерение насладиться ради себя, уже не может выяснить правду, ведь «подкуп слепит глаза мудрецов». А свет хохма может распространяться только в том месте, в котором есть совершенно чистые от получения ради себя сосуды.

А вот в хасадим можно действовать, даже если ещё нет полной чистоты. Потому что во время действия хасадим нельзя повредить, так как это действие на отдачу. Но не так со светом хохма. Он распространяется в виде знания и получения, и это может принести вред. Поэтому пока человек не очистится от любви к себе, есть исправление, что нельзя увидеть ничего, относящегося к хохме.

27. Три линии (1)

Существуют три линии: правая, левая и средняя, – где правая и левая находятся в противостоянии друг с другом и каждая желает устранить другую.

Исходя из этого, возможны три варианта:

1. Одна устраняет другую.
2. Каждая из них желает устранить другую, но не в состоянии это сделать, и поэтому остаются в противостоянии.
3. Заключается мир между ними.

Правая линия называется совершенством, то есть находясь в ней, человек ощущает себя счастливым и совершенным в этом мире, так как производя самоанализ, он видит, что является простым человеком, не имеющим никаких преимуществ по сравнению с остальными, но именно его избрал Творец прислуживать Себе.

И даже несмотря на то, что это прислуживание не постоянно, а, например, раз в месяц или раз в неделю, при том, что он видит, что почти нет людей, которые бы, как он, прислуживали Творцу, даже хотя бы один раз в жизни, то уже только от этого такой человек получает жизненные силы. А если есть у него такие жизненные силы, он в состоянии тогда заниматься Торой и заповедями и умножать свои добрые поступки.

Но для дальнейшего возвышения необходимо так же идти и по левой линии, где существует проверка своих поступков и мыслей: «На самом ли деле эти мысли направлены на то, чтобы прислуживать Царю, доставляя этим Ему наслаждение? Или эти мысли только ради собственного наслаждения?» И тогда левая линия желает устранить правую, то есть желает подвергать проверке все действия человека и не даёт ему сделать никакого доброго действия. Но его мудрость умножается от таких действий.

Но человек должен в основном идти по правой линии, то есть совершать добрые дела, ощущая себя в совершенном состоянии, прислуживая Царю и веря, что всеми своими действиями он доставляет удовольствие Творцу.

Но вместе с тем, у него должно быть время идти также и по левой линии, то есть самопроверке, но при этом левая линия должна быть в подчинении у правой. Это означает, что человек не должен ставить самоцелью идти по левой линии, а только для того, чтобы с помощью её улучшить правую, то есть показать тем самым, что, несмотря на то, что существует у него осознание и проверка своего состояния, он всё равно идёт выше своего разума, по правой линии, называемой «вера».

И это называется, что он идёт по средней линии, которая устраняет противостояние между правой и левой линиями, отдавая предпочтение правой. И это определяется как обратная сторона духовной ступени. Но с помощью этого единства удостаивается затем достигнуть передней, лицевой стороны духовной ступени, когда свет мудрости, свет хохма, облачается в свет милосердия, свет хасадим, что приводит к соединению Зэир Анпина и Нуквы в состоянии «лицом к лицу».

28. Земля убоялась и утихла

«И был вечер и было утро: день шестой». Лишняя «хей» – для чего она? Это связано с тем, что Творец, создавший мир, поставил условие: «Если в будущем сыны Израиля примут Тору, вы будете существовать, а если нет – верну весь мир в хаос и пустоту» (Шаббат, 88а).

Что означает «а если нет – верну весь мир в хаос и пустоту»? В какой хаос и пустоту Он вернёт их? И согласно тому, что сказал АРИ, в мире Некудим произошло разбиение и разбились сосуды, поскольку получили ради себя. А затем возникли миры исправления, которые называются АБЕА, и исправили келим «ради отдачи». И все эти исправления «ради отдачи» должны выполнить творения, чтобы получить добро и наслаждение. Но как могут низшие, созданные в свойстве получения, идти против своей природы? Поэтому земля (малхут) «убоялась», что не сможет отдавать низшим, по причине их отдаления и отличия свойств. Но чтобы могли низшие исправить сосуд получения на сосуд отдачи, создал Тору, как сказано: «Я создал злое начало и создал Тору для его исправления», – так как сила Торы может покорить зло, потому что «свет, заключённый в ней, возвращает к Источнику».

И в этом смысл условия, поставленного творению: «если сыны Израиля примут Тору, вы будете существовать» и тогда будет исполнена цель творения – насладить сотворённых, «а если нет – верну весь мир в хаос и пустоту», как в мире Некудим. Поэтому, когда Исраэль получили Тору, земля «утихла», потому что с помощью Торы смогут исправить сосуды получения на сосуды отдачи. «Утихла», поскольку осуществится получение добра и наслаждения, что и является целью творения – насладить сотворённых.

29. Смотрит Творец на их деяния

«Смотрит Творец на деяния праведников и на деяния грешников, и неизвестно, что предпочитает Творец: деяния праведников или деяния грешников». Но когда сказано: «Но увидел Творец свет, что хорош он, а потому отделил», – то ясно, что Творец предпочитает деяния праведников.

И необходимо разобраться, как можно сомневаться, говоря: «неизвестно, что предпочитает Творец». Неужели можно себе представить, что Творец желает деяний грешников?

В соответствии с известным правилом: перед тем как человек удостоится выйти из любви к себе, то есть когда он всё еще находится под властью желания получать, то все хорошие действия, которые он совершает, – если хочет при этом держать намерение на отдачу, то видит, что его тело не согласно, потому что это против его природы. Выходит, что в каждом действии в Торе и заповедях он прилагает огромные усилия, так как злое начало его противится этому. Такое состояние называется «действия грешников», поскольку злое начало ещё находится в нём и пересиливает его каждый день.

Но не так происходит впоследствии, когда удостаивается исправить свое злое начало и становится праведником. Тогда действия даются ему без усилий, так как его злое начало уже не мешает ему направлять все действия на отдачу. Тогда осуществится «возлюби Творца всем сердцем своим» – двумя началами. И его действия будут называться «действия праведников».

Но здесь возникает вопрос: «Что желает Творец?» – Того, что человек прикладывает усилия, и каждый раз ему нужно стараться всё больше, то есть когда человек раскрывает свои усилия, когда делает всё, на что способен?

А вот в «действиях праведников» уже нет у человека никаких усилий. И такое состояние называется «душевный покой».

Получается, что вопрос состоит в том, что предпочтительнее Творцу? Работа, когда человек прикладывает усилия, или «работа праведников», не требующая усилий?

Сказано в Книге Зоар: «Если в чем-то ощущается тягость, значит, там скрыто зло». То есть, пока человек ещё не исправил свое злое начало на доброе, есть место для приложения усилий.

Поэтому свидетельствует, что «увидел Творец свет, что он хорош, а потому отделил», – это говорится о действиях праведников.

Со стороны Творца цель состоит в том, чтобы творения достигли замысла творения – насладить их. Но нельзя достичь этого без уподобления по свойствам. Поэтому, когда человек занят тем, чтобы прийти к подобию по свойствам, он прилагает усилия, но это – со стороны Творца. А со стороны творения, он должен всегда стремиться прилагать усилия.

Поэтому, когда человек удостаивается слияния с Творцом, когда уже нет в нём зла и нет [возможности для приложения] усилий, тогда он должен устремиться к состоянию, в котором прилагаются усилия. Но ведь нет у него тогда возможности для приложения усилий. В этом случае, как советует Книга Зоар, трепет его должен быть взят из прошлого (см. «Комментарий «Сулам», ч. 1, п. 118). То есть в то время, когда нет у него места для работы и усилий, он должен стремиться к тем усилиям, которые он прикладывал, когда находился в состоянии «действия грешников». И тогда человек приходит к совершенству.

30. Удались от зла и делай добро

Сказано: «Удались от зла и делай добро». Духовная работа человека начинается с исполнения «делай добро», и тогда он в состоянии выполнять «удались от зла». Но воспитание не позволяет человеку определить, что зло является злом, а, наоборот, он стремится заполнить свои эгоистические стремления, потому что чувствует огромное наслаждение в этом. И если говорят ему, что услаждение эгоизма является злом, человек не понимает почему. Но он должен поверить выше разума, что это зло и что нужно сойти с такого пути.

Подобно этому, когда человек выполняет исполнительную заповедь «делай», например, заповедь облачения в цицит, то не ощущает в этом никакого добра, потому как не испытывает во время выполнения никакого наслаждения, чтобы смог сказать об этом, что это добро, что Творец посылает ему вознаграждение. И вновь должен поверить «верой выше разума», что это добро.

Но позже, когда человек продвигается, ставя веру выше разума, находясь попеременно то в состоянии «добра», то в состоянии «зла», дают ему тогда свыше ощутить некий вкус в «делай добро». И в той мере, в которой человек ощущает добро в выполнении исполнительной заповеди, в той мере начинает он ощущать зло в том, что является злом. И это означает, что есть у него уже ощущение добра в «делай добро» и ощущение зла в «удались от зла», значит, для него существуют уже награда и наказание в нашем мире.

Если же человек работает ради получения вознаграждения, то, опираясь на веру в награду и наказание, он выполняет «удались от зла». Несмотря на то, что он ощущает наслаждение в том, к чему испытывает влечение, всё же отдаляется от получения удовольствий, чтобы не страдать от наказаний в грядущем мире. Подобно этому, во время исполнения им «делай добро», он может выполнять исполнительную заповедь, несмотря на то, что не ощущает наслаждения от их исполнения, так как верит, что получит за это вознаграждение, и тогда появляются у него силы для этого действия.

Но если только захочет выполнять не ради вознаграждения, сразу возникает вопрос: для чего я выполняю «удались от зла и делай добро»? Конечно же, тогда он должен сказать себе, что это – заповедь Творца.

Но зачем Творцу это нужно – ведь у Творца нет ни в чём недостатка. Неужели Ему недостаёт того, чтобы творения выполняли заповеди и предписания Торы?

Конечно же, это существует для пользы нас самих, для того чтобы мы исправили себя. Тогда-то задумывается человек над тем, какая же польза ему от всего этого.

Поэтому сначала человек должен начать свою работу в «вере выше разума». Тогда придёт ему помощь от Творца, что называется «озарение свыше». И таким образом человек продвигается, пока не постигнет полностью все 5 уровней (Наранхай) своей души.

31. Что за любовь у меня к Торе Твоей!

«Что за любовь у меня к Торе Твоей! Весь день она – (предмет) размышлений моих. Мудрее врагов моих делает меня» (Псалмы, 119:97, 119:98).

Есть множество состояний, выражаемых вопросом «что»:
1. «что дает тебе эта работа?»;
2. «что Творец требует от тебя?».

Эти вопросы «что» противоречат один другому. Один вопрос «что» говорит об удалении от Творца, а другой вопрос «что» говорит о приближении к Творцу, а слово «требует» подразумевает требование твоего совершенства. Но оба этих вопроса относятся к Торе. То есть оба предназначены научить нас одной вещи – человек должен изучать их практически.

И надо понять, что в отношении вопроса: что Творец требует от тебя, – человек должен учить и понимать, чтобы знать как действовать.

Но чему нас учит вопрос: что дает тебе эта работа? Поскольку так говорит написанное, то, конечно же, человек обязан прочувствовать это состояние во всей его низменности. Но для чего мне это нужно? Казалось было бы лучше, чтобы человек вообще никогда не входил в такое состояние. А если и приходят к нему такие мысли, было бы лучше, если бы он отбросил их.

Мы видим, что на вопрос грешника нет иного ответа, кроме как «дать ему в зубы». И дело в том, сказали наши мудрецы: «Вызубри наизусть, чтобы были слова Торы остры в устах твоих так, что если спросит тебя человек, чтобы немедленно ответил ему, не запинаясь» (Вавилонский Талмуд, «Кидушин», 30). Что он может ответить на это «что»? На это второе «что»! То есть: Что Творец Твой требует от тебя? Только трепета перед Ним» (Дварим, 10:12).

Необходимо знать, что первой вопрос «что» задает Творец, а не ты. Это означает, что Творец привнёс в твои мысли это «что», ведь нет никакой другой силы в мире, как написано: «Нет никого кроме Него». Разумеется, Творец не сотворил бы творение, которое будет против Него, но сотворил эту мысль, чтобы был трепет перед Ним, суть которого в принятии власти Творца верой выше знания. Благодаря вопросу грешника, человеку каждый раз необходимо вновь принять на себя власть Творца, и это называется трепетом. А чудесным средством для того, чтобы была сила преодоления в принятии на себя власти Творца, являются Тора и заповеди, посредством исполнения которых очищается человек от своего зла. И только тогда у него появляется возможность принять. власть Творца.

В этом заключается смысл фразы: «Сделал Творец, чтобы трепетали перед Ним». Каждое плохое состояние, ощущаемое нами, необходимо только для того, чтобы человек не оставался в том состоянии, в котором он находится. То есть, пока человек не поднялся по ступеням величия Творца, нет у него возможности преодоления. И только в то время, когда человек чувствует величие Творца, только тогда его сердце покоряется. Это означает, что он должен подняться по ступеням трепета Творца.

Получается, что эти вопросы приводят человека к тому, чтобы он вознуждался в Творце, чтобы Творец открыл его сердце и глаза, чтобы тем самым человек удостоился величия Творца. А иначе было бы достаточно ему того трепета перед небесами, который привит воспитанием. Но каждый раз, когда к нему приходит вопрос грешника, ему уже не достаточно этого, и приходится каждый раз подниматься по ступеням величия Творца.

И в этом смысл фразы: «Что за любовь у меня к Торе Твоей». Ведь посредством вопроса «что» возникает причина и побудительная сила удостоиться любви к Торе. Поскольку не могут иначе ответить на вопрос «что», как только в мере принятия власти Творца народом Израиля, а этого удостаиваются только благодаря свету, заключённому в Торе и заповедях. Поэтому «весь день она – (предмет) размышлений моих», потому что всегда приходит вопрос «что».

32. Величие человека в его работе

Вот сказано, раби Йоси говорит: «Не место славит человека, а человек славит свое место». Мы обнаружили, что возле горы Синай, всё то время, пока Шхина находилась над ней, говорит Тора: «Как мелкий, так и крупный скот пусть не пасется напротив этой горы» (Шмот 34:3). Когда удаляется от нее Шхина, говорит Тора: «Когда же затрубит шофар, смогут они подняться на гору» (Шмот 19:13).

И также нашли о шатре откровения, раскинутом в пустыне, что все время, пока он раскинут, говорит Тора: «Вышлите из стана всякого прокаженного» (Бемидбар 5:2), «когда же сворачивали завесу, разрешали страдающим болезненным истечением собраться там» (Вавилонский Талмуд, трактат Таанит 21:2).

Чтобы понять это в духовной работе, необходимо разъяснить понятие «место». Это – Творец, как сказано: «славное Место». «Мелкий скот» (цон – иврит) происходит от слова выход (еция – иврит). «Крупный скот» (бакар – иврит) однокоренное со словом мэвакер – критик (иврит). «Поднимутся» (яалу – иврит) означает подъем по уровню.

Объяснение: поскольку известно, что только «соответственно страданию награда», то не может человек получать подарки от Творца, прежде чем приведет свои дела к намерению ради Неба.

И известно, что во время раскрытия света Творца, то есть, в то время, когда Творец светит человеку и дает ему пробуждение в Торе и духовной работе, нет места для выбора, поскольку наслаждение принуждает человека заниматься вещью, в которой он чувствует наслаждение. И потому нет в это время места для выбора.

И, само собой разумеется, тогда он не вынужден верить в Творца так уж сильно и сказать, что без веры не сделать ему эту вещь, поскольку он движим к этой вещи, есть у него уже другая побудительная сила, которой является наслаждение. И это называется «не ради Торы», поскольку не вера является причиной этого действия, а наслаждение, оно определяющее у него, и оно движет им в действии умножиться в хороших делах.

Поэтому, когда все-таки Творец дает ему большое пробуждение к Торе и духовной работе, то из этого он не может подняться на ступень истины. Потому что сказано: «Истину купи!» (Мишлэй 23:23), – то есть, должны купить ступень истины. И только, благодаря усилию в принятии бремени небесной Малхут посредством выбора, удостаиваются подняться на ступень истины, каждый раз на более высокую ступень. И в этом смысл слов «всё согласно множеству дел» (Мишна авот 3:15).

И из этого нужно понять «Не место человека славит его». Толкование: не правильно думать, что, если человек удостоился какого-то пробуждения, следовательно, место (Творец), благословен Он, почтил его, и этим сделался этот человек почитаемым. Потому что пробуждение, пришедшее свыше, в конце должно выйти из него, поскольку отсутствует пока у человека подготовка, дабы он стал достоин получить ради Неба, а не ради самонаслаждения.

«А человек славит Место», то есть, именно, благодаря тому, что человек прикладывает усилие во время выбора, и хочет оказать честь Месту, именно, Месту, благословен Он, только тогда станет человек почитаемым. Дело в том, что человек, благодаря своей работе, стал «колесницей для трона». Но не в то время, когда пришло к нему пробуждение свыше, что распознается, как будто Место почитает этого человека.

И приводит, как довод, отрывок из Торы о горе Синай, что все время, пока Шхина располагалась над ней, «как мелкий, так и крупный скот не паслись напротив этой горы».

Толкование вопроса выходов, когда человек выходит из духовной работы по причине критики, которая есть у него по поводу управления. И тогда необходимо сделать выбор по этим состояниям. И во время пробуждения нет никакого подъема, поскольку он не прикладывает сейчас никакой силы от себя, потому что сейчас он в пробуждении сверху. И человек не делает никакой работы, чтобы был подъем в состояния, относительно которых он должен сделать выбор.

Поэтому сказано: «Когда же затрубит шофар», то есть, после ухода Шхины, «смогут они подняться на гору». То есть, именно, после этого есть место, что «МА», то есть Места, на которых не мог устоять в опыте, и не мог войти в святость, есть сейчас у него место, чтобы смочь одолеть их, потому что есть у него место сделать выбор.

И этим будет выяснен аргумент, приведенный из Торы о Шатре откровения: «Когда же сворачивали завесу, разрешали страдающим болезненным истечением собраться там». И комментирует РАШИ: «Сворачивали завесу – свертывают во время транспортировки. Понятие "прокаженный" это человек, дошедший до злословия. В духовной работе это называется "злой язык", тот, кто злословит по поводу Управления.

Кроме того, «истекающие» в духовной работе соответствуют сказанному «закрытый колодец, который не теряет ни капли», имеется в виду, что за все время он не раскрыл меру труда, которую должен дать, тогда все, сколько бы он ни принимал на себя бремя Торы, сразу же забывает и возвращается к старым привычкам.

Получается, что каждая капля трепета перед Небом, которую он принимает на себя, вытекает из него. Тогда как, после того, как удостаивается постоянной веры, тогда он называется «герметичный колодец (бор суд иврит), не теряющий ни капли».

Сердце человека называется «колодец», «суд» – это аспект «ясад», от слов «ибо так основал Царь», (и комментировал РАШИ: «Имеется в виду слово "есод" (основание иврит), так исправил и повелел»). Потому что в то время, когда сердце человека исправлено с основанием веры, так что все, что он хочет, это по причине «ибо так основал Царь», Царь мира, поэтому называется сердце «герметичный колодец, который не теряет ни капли» трепета Небес.

И называется каплей, поскольку из этой капли создан человек, потому что аспект «вы называетесь человек», имеется в виду тот, у которого есть трепет перед небесами, как написано: «перед Творцом трепещи и заповеди Его выполняй» (Вавилонский Талмуд, трактат Брахот 6:2).

И именно, в то время, «когда сворачивали завесу, разрешали страдающим болезненным истечением собраться там». Имеется в виду, что тогда давался им час кошерности, поскольку, именно, во время скрытия есть место для работы, когда человек может сделать выбор и принять на себя бремя небесной Малхут в постоянстве, удостоиться уровня «герметичный колодец, не теряющий ни капли».

Из всего этого выходит, что только человек своей силой обязан работать, чтобы сделать выбор, а после этого Творец дает ему все, что было в замысле Творца, являющегося Добрым и Творящим добро.

33. Амалек, память о котором нужно стереть

«Грешникам кажется не толще волоса» (Талмуд, Сукка, 52), то есть показывают им, что Амалек не настолько силен, чтобы они не смогли победить его.

«Праведникам как высокая гора», так как они сильны в том, что хотят быть праведниками, работающими на благо Творца, поэтому им с каждым разом раскрывают все большее зло, чтобы преодолеть его и присоединить к святости. То есть каждый раз они берут собственную выгоду и вместо того, чтобы работать на нее, они работают на благо Творца.

К примеру, начинающие духовную работу ощущают 10 граммов наслаждения в еде и питье, и от этого они способны отказаться.

Потом им дают вкус в материальных наслаждениях в 15 граммов, и тогда начинается новая работа. Они ощущают, что стали хуже, что потеряли силу преодоления, так как видят, что преодоление требует больших усилий.

В таком случае нужно сказать, что нет в этом истины, так как раньше они преодолевали наслаждение в 10 граммов, а сейчас не могут преодолеть наслаждение в 15 граммов.

Впоследствии с помощью работы и молитвы они преодолевают наслаждение в 15 граммов, тогда им дают вкус в материальных наслаждениях в 20 граммов, и они видят, что не в состоянии это преодолеть.

Оглянувшись назад, они спрашивают себя, почему раньше они могли преодолеть тягу ко сну и к остальным наслаждениям, а сейчас они видят, что стали хуже.

И также должны понять, что нет в этом истины. Ведь раньше, когда они ощущали 10 граммов наслаждения, они были способны преодолеть его, но сейчас, когда дается им 20 граммов наслаждения, конечно же, они еще не способны его преодолеть.

Потому что еще ни разу у них не было такой работы: преодолевать вкус наслаждения в 20 граммов. Ведь раньше вся их жизнь ценилась ими не больше 10 граммов наслаждения, а сейчас они ощущают, что жизнь стоит больше 10 граммов. Так или иначе, теперь им тяжелее прийти к самопожертвованию, чем это было раньше.

34. Таамим, некудот, тагин, отиёт

Тот, кто хочет вкусить [таамим – дословно, «вкусы»] истинной жизни, должен обратиться к точке в своём сердце. Точка эта есть у каждого человека, только она ещё не проявлена, не светит ему ничем и потому подобна чёрной. Но она – частичка духовного в человеке, частичка его души, а потому природа её – стремление к Творцу.

Просто пока это свойство совершенно не ощущается человеком, как нечто важное для него, и потому не ставит он ни во что это крохотное присутствие Творца в себе, уподобив эту точку чёрной, лишённой привлекательности, как пыль под ногами. И это называется «некудот».

И есть только один совет увеличить эту точку – человек должен возвеличить для себя её значимость, сделав эту частичку духовного венцом [тагин] всех своих мыслей, своей целью. Пусть вместо подобия пыли вознесётся присутствие Творца над его головой и станет наивысшим для человека.

И тогда духовное проявится в желаниях [теле] человека [где тело называют отиет], став его сущностью, а ведь это и составляет его духовное тело [отиет гуф]. И тогда возможность восприятия Творца становится действительностью.

35. Найти милость и понимание

Сказано в «Мишлей»: «Найдёшь милость и доброе понимание в глазах Создателя и человека». Что это значит – найти милость в глазах Создателя? Что нужно сделать, чтобы с помощью этого Творец счёл действия человека пригодными? Как человек, весь состоящий из недостатка, эгоистических намерений, может прийти к совершенным действиям?

Именно потому мы и просим о милости, ведь не в состоянии совершить ничего совершенного. Когда человек осознаёт это, он просит Творца о милости!

36. Слышит молитву

«Слышит молитву». Весь мир задает вопрос, почему написано «молитва» в единственном числе, ведь Творец слышит молитвы, как сказано: «Ты слышишь молитву каждого из народа Израиля в милосердии».

И нужно объяснить, что нет у нас других молитв, кроме одной: поднять Шхину из праха, посредством чего придет избавление.

37. Рыбы – суть беспокойство

Понятие «дагим» – «рыбы» – означает «даагот» – заботы о духовном, а именно, ощущение его недостатка. В субботу же, когда всё получает исправление, то, что было заботой, становится пищей. Но в Египте заботы были напрасными, то есть без выполнения заповедей. Если все беспокойства о том, как получить для себя, то тело проявляет заботу об этом, и нет нужды в дополнительной работе. Но если беспокоиться о чём-то на основании того, что так предписывает заповедь, то тело не даёт позаботиться об этом.

38. Благословение Торы

«Благословение Торы» означает, что тело обязывает его благословлять. Суть этого в том, что Творец при создании тела наделил его природной склонностью – при получении блага от кого-либо благословлять его. И это называется благословением на пищу, которое заповедано Торой.

А «не заповедано» означает, что тело не обязывает его благословлять, поскольку ощущает, что недостает ему еще нескольких вещей, которые другой мог бы дать ему и не дает. Тогда тело говорит, что еще не получило полного насыщения и не может сказать, что Он добр и творит добро, ему недостает несколько вещей, и «почему Он не дает мне»? И все же он подходит к этому более строго и благословляет. Получается, что он действует по принципу «не заповедано и выполняет».

39. Кто по душе людям (1)

«Кто по душе людям…». И это трудно понять, ведь разве не нашли мы, что и у самых великих и знаменитых были разногласия? В таком случае [получается, что они], «не по душе людям». И объясняется, что ведь не сказано: людям». А сказано: «по душе людям», – и этим подразумевается, что только тела в разногласии. Это означает, что каждый служит своему желанию получать. Тогда как дух людей уже относится к духовному. А [относительно высказывания] «по душе», когда праведник притягивает свет, он притягивает его для всего поколения. И только потому, что пока не облачил их души, они еще не в состоянии постичь и ощутить то наслаждение, которое праведник притягивает для них.

40. Два свидетеля

Когда Обвинитель (самех мем) просит суда над Израилем, то Всевышний говорит ему, чтобы привел свидетелей, и он приводит с собой «солнце», затем идет, чтобы привести «луну», и следует за ней, и поднимается к месту, о котором сказано: «Более возвышенное для себя не требуй». Солнце – это уровень Торы, а луна – это заповедь, которая является верой выше знания.

В Малхут есть два состояния.

Состояние «катнут», когда у нее нет ничего, кроме точки Кетэр и света Малхут. И когда, находясь в состоянии «катнут», она поднимается в Кетэр, тогда нет для ситра ахра никакого присасывания к Малхут, так как [на уровне] выше знания нет никакой поддержки внешним силам.

Получается, что когда он хочет обвинять Израиль и приводит с собой «солнце», уровень Торы, то нет у него свидетелей, так как свидетелей должно быть двое. И это Тора и заповедь. И совершенным называется состояние, в котором есть две вещи: Тора и заповеди.

Но если они слиты с заповедью, которая является верой выше знания, называемой «авиют Кетэр», тогда нет возможности у сихра ахра ухватиться за Израиль.

41. Вознесение рук

Сказано: «Вознесите руки свои к небесам и благословляйте Творца». То же самое сказано о молитве: она должна быть с воздетыми вверх руками, подобно тому, как написано о Моше, что «когда подымал он руки свои, то Исраэль становился сильнее».

«Поднятие рук» означает выражение покорности, подчинения: когда человек видит, что не в состоянии он достичь желаемого, тогда подымает он руки, выражая этим, что собственноручно уже ничего здесь не добьётся.

Потому-то во время мольбы к Творцу вздымают вверх руки, показывая тем самым, что человек уже осознал свое ничтожество и бессилие что-либо самому изменить в мире и пришел к единственному решению, что только Творец сможет ему помочь, но не он сам и никто другой.

Так же и, благословляя Творца за всё, что Он дал, возносят руки, выражая этим осознание того, что не способен ничего сделать самостоятельно, а всё, что у него есть, ему дал только Творец. Поэтому благодарит человек Творца за всё, что ему дано.

42. Служите Творцу в радости

Спрашивает Книга Зоар: «Разве не сказано: "Близок Творец к отчаявшимся"?» Служащий Создателю, то есть тот, чьё намерение ради Творца, должен быть счастлив тем, что обслуживает Царя. А если не чувствует радости во время этой работы, то это признак того, что недостаёт ему ощущения величия Царя.

Поэтому, если видит человек, что не находится в радости, он должен это исправить, то есть должен начать думать о величии Царя. Но если и это не помогает, то должен молиться Создателю, чтобы Он открыл ему глаза и сердце, и смог бы он ощутить величие Творца.

Здесь мы видим развитие двух качеств:

должен сожалеть о том, что нет у него ощущения величия Царя,

обязан радоваться тому, что все его страдания – от отсутствия духовного, а не как у остальных людей, все заботы которых только о материальном.

И должен осознать, Кто же Он, давший ему это знание, о необходимости сожалеть об [отсутствии] духовного. По этой причине обязан находиться в радости, потому что именно Создатель послал ему эти мысли о стремлении к духовному, ведь это само по себе называется спасением Творца. И поэтому должен радоваться.

43. Что означает «женщина» и «сыновья» в Торе

«Женщина – только для красоты, женщина – только для сыновей, женщина – только для женских украшений». И объясняет РАШИ, что купят ей украшения, чтобы красовалась в них.

Праздничные дни символизируют подъем миров, когда каждый возвышает свой уровень, поднимаясь немного выше того состояния, в котором находится. Это время, когда каждый проверяет себя – по какой причине принимает он на себя царство небес, которое называется «женщина».

И приводится тут три причины, то есть нужно выяснить какая из трех причин заставила его принять на себя бремя царства небес.

1. Красота.

Красота, как сказали мудрецы, – это свойство мудрости (хохма́). Благодаря тому, что человек принимает на себя власть царства небес, удостоится впоследствии света Торы. Выходит, что свет Торы, который называется мудростью (хохма́) или красотой – это причина, заставившая его принять на себя власть царства небес.

2. Сыновья.

То есть он принимает власть царства Небес ради того, чтобы удостоиться потомства и преумножения в Торе. И это также называется «принадлежность», то есть в то время, когда учит Тору, желает отнести ее к Творцу. И это называется принадлежностью, потому что за счет бремени царства небес получает он силу отнести Тору к Творцу. То есть во время изучения Торы появится у него сила, чтобы стала Тора именами Творца.

И потому сказано: «Женщина – только для сыновей». Ведь за счет царства небес получит он силу понять (и это называется сыновьями – баним от «леавин» – понимать), что Тора – это имена Творца. А без принятия царства небес невозможно достичь правильного намерения в изучении Торы и понять, что Тора – это имена Творца.

3. Для женских украшений.

Как объясняет РАШИ, что купят ей украшения, чтобы красовалась в них. То есть нужна человеку Тора и заповеди, чтобы возвеличить царство Небес. Ведь Тора и заповеди называются «украшения невесты», благодаря которым видно, что невеста красива.

44. Противоречие старцев – созидание, созидание молодых – противоречие

«Противоречие старцев – созидание, созидание молодых – противоречие» (Мегила 31:2).

Старцы – это те, кто привычен к работе Творца. Молодые – это те, кто начинают работу. Противоречием называется спуск или падение. Когда вначале у них был какой-то подъем в работе, это считалось созиданием, то есть, что они ценили подъемы. Но противоречие, когда чувствовали некое падение, которое пришло от скрытия Творца, то есть, что Творец скрылся от них, называется противоречием.

Противоречие старцев – когда говорят, что Творец послал им противоречие – получается, что они уже находятся в созидании, то есть верят, что Творец занимается ими, и от этого они берут жизненные силы.

И важность веры очевидна во время падения, то есть когда не «светит» человеку, когда он колеблется. Или когда говорит: «Мне не нужна никакая выгода, а я хочу только доставить удовольствие наверху, и мне не важно, что я чувствую, или не дай Бог наоборот».

45. Сыновья мудрецов

Сказано мудрецами: «Почему сыновья мудрецов не являются учениками мудрецов? Потому что сначала не благословляли Тору» (Недарим, 81).

Мудрецом (знатоком Торы) называется тот, кто изучает Тору.

«Их сыновьями» называется то, что рождается в результате учения.

А то, что «не благословляли вначале Тору» (означает, что) не благодарит вначале – прежде чем начнет изучать, не благодарит за то, что ему дали желание к учению. А ведь уже только за это нужно выражать признательность. Ведь благодаря тому, что учится и постигает что-то, тем самым уже выражает самую большую благодарность. А если он не благодарит за то, что дали ему желание прийти в дом учения, то выходит, что не ценит всё это.

46. Мгновение настоящее и мгновение будущее

Это, настоящее мгновение, называется внутренним светом, а следующее, будущее мгновение называется окружающим светом. Человек, который не доволен настоящим, начинает беспокоиться – когда придет следующее мгновение, чтобы он был доволен.

И в духовной работе именно это называется – притянуть окружающий свет внутрь, применяя любые уловки, чтобы ему было хорошо в это мгновение.

47. Худший из всех

Человек должен чувствовать, что он намного хуже всех, потому что ощущает, что у всех людей нет таких недостатков, которые есть у него, хотя видит, что они заняты духовной работой меньше него.

48. Правая, совершенство и истина

Если человек верит в величие и важность Творца и верит, что, выполняя заповеди Творца, доставляет Ему удовольствие, поскольку служит Ему, – и это обычно происходит в то время, когда человек чувствует себя по отношению к Творцу, как маленький по отношению к великому в поколении, – а поскольку в природе существует закон, что меньший отменяет себя перед бо́льшим, то даже при самой малой услуге Творцу, веря, что всё приходит от Творца и всё находится под Высшим управлением, он пребывает в радости и доволен тем, что пусть даже на самое короткое время, но у него есть возможность служить Царю. И это называется правая, совершенство и истина.

49. Наша вера в книги и в тех, кто их написал

«Жители одного города купили бриллиант, и все были очень довольны тем, что купили его очень дёшево. Но у одного из них возник вопрос: «Действительно ли бриллиант, что купили, настоящий?» Однако никто из жителей города не понимал в бриллиантах, и потому пошли они к одному торговцу, специалисту, чтобы сказал им, настоящий ли это бриллиант или поддельный. И обрадовались они, когда он ответил им, что бриллиант настоящий. Но один из них спрашивает: «Почему они так полагаются на торговца, который, вполне возможно, обманщик?» Поэтому он сам хочет выучиться этой профессии, стать специалистом. И он учится и преуспевает…»

Эта аллегория является подтверждением тому, что выполнение нами Торы и заповедей основано на том, что полагаемся мы на веру, полученную нами из книг и от знатоков Писания.

50. Ощущение времени человеком

Когда человек наслаждается от чего-либо, то это исходит от внутреннего света, – тогда свет светит в кли (сосуд).

Когда человек наслаждается от прошлого, это означает, что человек наслаждается от решимот, которые остались от внутреннего света.

А когда человек наслаждается оттого, что светит ему то, что он собирается получить в будущем, это исходит от окружающего света.

Получается, что эти три вещи исходят из ощущения человеком наслаждения в настоящем – в трех сосудах, называемых: прошлое, настоящее и будущее. И прошлое может существовать, только если ему предшествует свет, называемый настоящее, затем есть прошлое, и далее наслаждаются от будущего.

Получается, что свет, который светит в настоящем, приходит от внутреннего света, а свет от прошлого называется так из-за решимот, которые остались от прошлого. И будущий свет, называется окружающим светом и называется также светом уверенности (ор битахон), то есть насколько светит ему уверенность, в этой мере он может наслаждаться. Окружающий свет называется светом Гмар Тикун (Окончательного Исправления).

51. Суббота

Дополнения в субботу: к хорошему (стараются) добавить как до, так и после. Тогда как плохим удовлетворяются так, как оно есть, то есть не дополняют ничем, а берут плохое только в самом наименьшем его количестве.

Поскольку суббота – это дело хорошее, поэтому есть дополнения в субботу – до нее и после. Но что хорошего есть в субботе? Сказано: «Хорошо славить Творца» (Псалмы 92:1). Если человек может благодарить Творца – значит, это суббота. Поэтому, если в середине недели человек может вознести благодарность Творцу, тогда этот человек находится в состоянии субботы. Как сказали мудрецы: «Ученик мудреца – это уровень субботы». Значит, если он может вознести благодарность Творцу, это означает уровень субботы.

52. Сделал Создатель так, чтобы страшились Его

«Создатель сделал так, чтобы страшились Его» – ведь иначе не возникает требование на продолжение света. И это похоже на дверь, которую необходимо закрыть (самому человеку перед своим эгоизмом), чтобы не вошли незваные гости – эгоистические желания. Но сделать самому такую дверь неимоверно тяжело, но можно с помощью Творца.

53. Голос Якова, а руки Эйсава

Мудрецы сказали, что Эйсав собирался получить благословение Ицхака, так как у Якова не было келим, но когда получил Яков «руки» Эйсава, то есть сосуды получения Эйсава, и сказал голосом Якова, – это было исправлением. Он не был узнан [Ицхаком] благодаря исправлению, которое совершил Яков, ведь тогда уже появились у него сосуды получения, благодаря взаимовключению.

«Голос – голос Якова, а руки – руки Эйсава». И не узнал его, поскольку сам Яков был гладким (не волосатым), и у него не было никаких недостатков. Поэтому у него не было никаких сосудов для получения благословений, ибо нет света без сосуда.

«И Ривка слышит». И дала ему совет, чтобы одолжил меховую одежду только для того, чтобы у него появились сосуды для получения благословений, и после этого он немедленно должен был вернуть её.

54. Избавление мира

Избавление мира – это избавление этого мира в настоящем, и мира будущего – в будущем.

Внутри знания – это в настоящем. Выше знания – означает в будущем, когда верит, что то, что придет к нему потом, как будто бы есть у него уже сейчас.

55. Порадуй их совершенным строением (1)

«Радуйтесь восстановлению Иерусалима». Надо понимать, что означает незаконченное здание. Незаконченное здание не пригодно ни для чего. И стоит объяснить, что в период святости то здание, которое человек строит в своем сердце, – это место для пребывания святости. Ибо есть в сердце человека две силы: доброе начало и злое начало. А незаконченное здание – имеется в виду, что человек может работать на Творца только своим добрым началом, то есть отдающими келим. А законченным (совершенным) строение называется, когда человек может работать на Творца и с помощью злого начала, как сказано «всем сердцем своим – двумя началами».

56. Вопросы в работе

Почему человек, даже если проработал целый год, не спрашивает себя о своей работе в материальном: «Что заработал я за этот год?» В духовной же работе такой вопрос возникает постоянно, и человек спрашивает: «Что у меня прибавилось за минувший год?» Откуда же приходит этот вопрос о духовном заработке – со стороны альтруизма или со стороны эгоизма?

Наш мир называется «лжемиром», потому что всё, что человек получает в эгоистические желания, пропадает немедленно, и тут же возникает опустошенность и потребность в новом наполнении. Поэтому не возникает вопроса о том, что заработал в результате своих усилий, ведь реального заработка-то нет!

Духовный мир – это мир истинного соответствия работы и заработка. Поэтому именно в нём и возникает вопрос о том, сколько заработал, – для того чтобы пробудить в человеке желание узнать, что он получит в качестве прибыли вследствие своего исправления.

Если человек делает какое-то дело с намерением получить от него прибыль, то он предварительно строит расчёт, сколько он заработает на этом. И если дело не прибыльное, он меняет его на другое, более прибыльное, ведь желанный доход постоянно стоит у него перед глазами. Поэтому не станет себя обманывать, а та ли это прибыль, которую хотел получить.

Вся материальная жизнь, со всеми её излишествами, – где все удовольствия ненастоящие. Зачем спрашивать о ней человека: «Что заработал ты: деньги иль славу?» Ведь изначально даётся, чтобы стать ложью, но ложью как движущей силой. Ведь прежде, чем появляется у человека возможность продвигаться дорогой духовной, откуда взять ему ощущение жизни? Поэтому и дают ему свыше жизнь, имя которой «ложь».

57. Сосуд для благословения

К вопросу о сосуде для благословения. Благословением называется свет, а мир – это сосуд. И настал мир, потому что желает отдавать. Это приходит благодаря свету. Но что появляется вначале – свет или благословение? Ответ: свет.

Когда приходит свет, прежде нужно подумать об исправлении сосуда. Получается, что свет приходит сначала для сосуда, а потом – для самого света.

58. «Я» и его отрицание («ани» и «эйн»)

«Я» – это наше желание, «эйн» – аннулирование нашего желания. Желание наше – получить наслаждение ради себя, желание же Творца – насладить нас, отдать нам. Получается, что тогда, когда человек аннулирует своё «я», то «я» и «эйн» соединяются вместе. Это указывает нам на то, что работа наша заключается в том, чтобы из «я» сделать «эйн», то есть из желания получить должно произойти желание отдавать. Но без начального эгоистического желания нет ничего.

59. Гневающийся – будто поклоняется идолам

«Гневающийся – будто поклоняется идолам», – ибо всю совокупность прегрешений объединяет одно прегрешение – вожделение. Однако нет в них гордыни, так как человек не гордится тем, что не может преодолеть свою страсть.

Но не так в отношении гнева, когда получает удовольствие исключительно от страсти гневаться. И к тому же он гордится и тем, что гневается, и тем, что он осознаёт, что справедливость на его стороне, – иначе как он может гордиться?

Здесь существуют два прегрешения:

1) страсть к наслаждению,
2) гордыня.

«С гордецом не могу Я находиться в одном месте, и душа его истребляется».

60. Просьба о помощи

Когда у человека беда на материальном уровне, он должен сожалеть о том, что Творец дал ему наказание, (важно) чтобы он ощутил от этого боль. А если он не сожалеет, то это не наказание.

Наказанием называется то, что приносит боль человеку, и тогда он не может выносить свое состояние – будь то проблемы с заработком или болезнь. Если он говорит, что не ощущает горести, значит, не получил наказания, которое Творец дал ему. Необходимо знать, что наказание – это исправление для его души. И если он не сожалеет, то упускает возможность исправления.

Он должен вознести молитву Творцу, чтобы забрал у него эти страдания и боль, которые он чувствует, ибо молитва, приходящая из-за страданий, является бо́льшим исправлением, чем исправление наказанием.

Я слышал от Бааль Сулама, что когда Творец дает человеку наказание, то это происходит не из-за мести или злопамятства, когда Он наказывает (как будто бы) за то, что не послушался Его голоса, как это происходит у людей, а наказание является исправлением.

Когда человек молит Творца, чтобы забрал у него наказание, получается, что будто бы человек просит Творца забрать его исправление. И спрашивается, как человек может просить Творца, чтобы забрал исправление, ведь исправление на пользу человеку?

И объясняет, что с помощью молитвы, когда человек просит Творца, чтобы помог ему, у него появляется связь с Творцом, и это бо́льшее исправление нежели исправление, которое человек получает путем наказания.

61. Правая и левая

Зивуг (слияние для оживления миров) – это зивуг де ло-пасик (вечное слияние), что является хасадим мехусим (покрытыми хасадим). Зивуг для рождения душ (зивуг пасик), неполное слияние, является ступенью хохма.

С правой стороны могут существовать, но не рожать. Тогда как левая сторона (хохма́), называемая недостатком, может родить второе состояние.

Хафец хесед, который радуется своей доле, – у него есть жизнь, но он не может рожать, потому что хорошо ему и так, и зачем ему желать иного состояния?

Слияние для оживления миров является постоянным слиянием, и оно дает жизнь. Слияние для рождения душ – это слияние неполное, то есть непостоянное. И нужно работать на соединение обоих.

Пример материального уровня: для того чтобы пробудить к жизни, не говорится о том (состоянии), когда не надо пробуждать к жизни, что исходит от свойства «хафец хесед», довольного своей долей. Но не так, когда должны рожать, ведь не постоянно должны этим заниматься. Рождение нового состояния происходит благодаря недостатку, но не всегда человек должен заниматься недостатками.

62. Вознаграждение и наказание

В духовной работе используется понятие вознаграждения и наказания в этом мире, но не в будущем мире, хотя это и присутствует. Относительно масс используется, главным образом, вознаграждение и наказание в будущем мире и не используется вознаграждение и наказание в этом мире, потому что вознаграждением называется наслаждение, а наказанием – страдания.

Для масс, которые работают ради себя, используется понятие вознаграждения и наказания в будущем мире, так как только в будущем мире они почувствуют наслаждение от выполнения Торы и заповедей, и страдания, что не исполняли Тору и заповеди. А в этом мире они не чувствуют наслаждения и страдания при выполнении Торы и заповедей, или наоборот. Поэтому они должны использовать только понятие будущий мир.

А те, кто работают индивидуально, ощущают наказание, если нет у них веры в Творца, то есть ощущают страдания, что нет у них веры. Их наслаждение, то есть вознаграждение, в том, что у них есть возможность верить, что Творец управляет миром как Добрый и Творящий добро, что называется вознаграждением и наказанием на уровне этого мира.

63. Вы стоите сегодня все (1)

«Вы стоите сегодня все» – учит тому, что вы стоите все перед тем, чтобы «вступить тебе в союз». Все – означает, что вы все вступаете в (союз) поручительства. И не понятно, почему он начинает с множественного числа «все», а потом переходит на единственное число: «каждый человек из народа Израиля».

Все – означает, что это относится к каждому человеку народа Израиля, то есть каждый человек включает в себя всех, как сказано, «и расположился народ против горы», как один человек с одним сердцем. То есть когда существует любовь среди народа Израиля, тогда могут победить, как сказано: «Привязан к идолам Эфраим – оставь его!».

Человек – это маленький мир, и он включает в себя весь мир. И необходимо достичь ступени «Единственный», как сказано: «Удостоился – склоняет себя и весь мир на чашу заслуг». Поэтому человек включает все детали: «главы ваши и колена ваши», – когда все должны вступить в союз, то есть достичь того, чтобы стать рабом Творца «всем сердцем» – двумя началами. Тогда и все низменные качества человека должны пройти исправление.

«Дабы поставить тебя сегодня народом Себе; а Он будет тебе Творцом». То есть когда человек приходит к такому постижению, тогда находится во власти Единственного.

64. По слову Которого существует все

На благословение «По слову Которого существует все» закон таков, что если человек прервался, то должен благословить еще раз. И надо пояснить по поводу других благословений за наслаждения: там, несмотря на то, что прервался, человек может закончить благословение, потому что еще остается то, что он может благословить внутри разума. Но не так в отношении благословения «По слову Которого существует все», когда нет ни плохого, ни хорошего, а все (хорошо) существует по слову Творца, то есть как сказано «и дуновением уст Его (создано) все воинство их» (Псалмы 33:7). То есть речь идет о Его желании насладить творения, а здесь можно идти только выше разума. И когда работа выше разума, то после любого перерыва должны начать работу заново. Поэтому необходимо благословить еще раз.

65. Остерегайся зла и делай добро

Если человек хочет изгнать из себя зло – эгоистические помыслы, желания, то не должен он делать ничего, чтобы отстраниться от них. Ибо есть правило в природе, творении: человек по своей эгоистической природе не может терпеть то, что чувствует злом для себя.

Поэтому в тот момент, когда он приходит к осознанию эгоизма как зла, которое приносит непоправимый вред ему, что из-за него он может потерять свою духовную, вечную жизнь, человек автоматически сразу же отдаляется от него, подобно стреле, выпущенной из лука. Получается, что отстранение от чего-то злого даётся человеку без особого труда.

Настоящая же работа заключается в том, чтобы ощутить, что эгоистические желания действительно вредят и настолько, что с ними он не может продолжать свою жизнь. А чтобы прийти к этому пониманию, необходимо духовное ощутить как «Добро», когда занимаясь Торой и Заповедями с намерением прийти к совершенству духовной жизни, человек начинает ощущать свой эгоизм как зло для себя. А когда человек осознает зло в полной мере, он тут же отстраняется от него. Это и означает «делай добро».

66. Горе вам, жаждущим дня Творца

Сказано в Писании: «Горе вам, жаждущим дня Творца, ведь это тьма для вас, а не свет. И это подобно тому, как петух и летучая мышь ждали света дня. Спросил петух летучую мышь: «Я жду свет, потому что он мой, а тебе, зачем свет?» Смысл вопроса в том, что поскольку нет у летучей мыши глаз, чтобы видеть, то что же даст ей солнечный свет?

И нужно понять:

1) Какое отношение глаза имеют к свету Творца. Ведь понятно, что чтобы видеть свет солнца, нужны глаза. Но как можно видеть глазами в свете Творца, названном

днем Творца? Разве из этого следует, что тот, у кого нет глаз, остается во тьме без света Творца?

2) Что такое день Творца и ночь Творца? Какая разница есть между ними? Очевидно, что глаз человека видит восход солнца, а день Творца? Как узнать его?

Дело в том, что по отношению к Всевышнему мы различаем день и ночь (раскрытие и скрытие). Днем Творца называется раскрытие Лика, когда всё понятно для человека, как день. И разъяснили мудрецы: «В свете дня поднимется убийца, убьет нищего и обездоленного, а ночью обратится вором». Гмара толкует это от сказанного и до «и ночью обратится вором». Ведь происходит это при свете дня, поскольку говорится о самом ясном, как сказано: «Если раскрыто тебе, как при сиянии света, что души пришел убивать он, то дано спасти тебе душу. А если не достаточно тебе (света) как ночью – станет в твоих глазах, как вор, и не дано спасти тебе душу».

Выходит, что день – это, когда он находится на уровне раскрытия Лика, когда лик Творца раскрыт, то есть Всевышний раскрывает ему Лик Свой как Добрый и Творящий добро. Например, если молится, то немедленно отвечают ему на его молитву, и есть у него богатство, и сыновья, и утешение, и за что бы ни взялся, всё ладится у него.

Ночью называется скрытие Лика, когда, не дай Бог, есть у него сомнения и чуждые мысли об Управлении (Творца). Эти скрытия приводят его к сомнениям и тому подобное. И это означает состояние ночи. У того, кто жаждет света Творца, имеется четкое ощущение и понимание верой выше разума, что Творец управляет творением как Добрый и Творящий добро. А то, что он еще не ощущает явного раскрытия управления, так это для его же блага, ибо таков путь исправления, чтобы не испортил свет Творца своими сосудами получения, несущими разъединение.

Поэтому возложена на человека большая работа, пока не обратит свое желание получать на желание ради отдачи. И, благодаря упорству, возникнет в человеке другая природа. В своей предыдущей природе «получения для себя», даже совершая какие-либо действия на отдачу, он делает это ради получения оплаты. Иными словами, не может он ничего сделать без получения некой собственной выгоды, а всё получаемое наслаждение отделяет его от слияния с Творцом, потому как слияние измеряется подобием свойств.

Надо сказать, что Творец желает насладить, то есть дать, не по причине недостатка. Это можно назвать игрой, а игра не считается недостатком. Как ответили мудрецы на вопрос одной дамы: «Что делал Творец после того как создал мир?». И ответ приводится в Гмаре: «Творец сидит и играет с Левиафаном». Левиафан означает соединение (подобно объятьям мужчины и женщины), то есть цель объединения Творца с творениями – только игра, а не является желанием, исходящим из недостатка.

67. Что есть истина

Красота определяется мнением большинства – тем, что большинство считает красивым или некрасивым в одежде или в домашней мебели. Мы видим, что каждое поколение отменяет представления о красоте прошлого поколения. Например, в прошлом поколении все знали, что домашняя мебель должна быть из дерева, украшенного красочной резьбой. А сегодня делают домашние шкафы встроенными, такими, какие были несколько поколений назад в Иерусалиме – их еще можно увидеть в старых квартирах со встроенными шкафами. Только сегодня встроенные шкафы делают красивее, чем раньше.

Но кто может сказать, что является истинно красивым? На это невозможно ответить определенно, а то, что считается красивым, по мнению большинства, является примером, которому все следуют. Поэтому все время появляется новая мода – новые модели.

Исходя из сказанного, все, что ценится большинством, что считается красивым и следующим принятому стилю, называется приличной одеждой. И то, что считается важным в глазах большинства, ради этого люди готовы прилагать усилия, чтобы его приобрести.

Поэтому в духовном, называемом «ради отдачи», не являющимся важным в глазах творений, ведь большинство не ценит духовное, тяжело работать и прилагать усилия, чтобы достичь духовные вещи. И тут тоже возникает вопрос – что является истиной, и важно ли это?

И на это дается ответ: хотя духовное очень важно, но для того, чтобы не портили духовные вещи, сделано исправление, чтобы не было видно того, кто ценит это. И только сам человек должен верить, что есть в этом огромная важность, быть удостоенным лика Царя.

Получается, что это очень важно и очень почетно, но дано нам, ради исправления, чтобы творения не видели важности этого. Поэтому нет относительно этого согласия большинства. Поэтому духовное считается находящимся в прахе, так как нет ничего более никчемного, чем прах. Поэтому получается, что внутри оно является по-настоящему важным и почетным, и только снаружи кажется, что оно подобно праху.

А что касается материального, то снаружи дают ему ту форму, которую называют красивой, и все время ценят вещи. А внутри, то есть по истинной сути – все ложь, и лишь, по мнению творений, это прекрасно. И каждый раз они меняют свое мнение и говорят о другой вещи, что она красивая, а форма предыдущей некрасива. А на самом деле, внутри нет ничего прекрасного, все – ложь, хотя мнение большинства утверждает, что вот это важно, а это не важно. Но в основе своей – все ложь, не то, что в духовном.

68. Порядок работы

Сначала требуется от человек верить выше знания, что Творец хотел дать благо своим созданиям, поэтому создал их и отпечатал в них желание и стремление получать наслаждение. По причине того, что только это является кли (сосудом) для получения наслаждения, так как человек наслаждается только тем, к чему стремиться. А то, к чему не стремиться, он может получить, но наслаждаться этим не может. И это потому, что кли наслаждения называется страстью, стремлением и тому подобным.

Но это должно быть выше знания, потому что когда он смотрит внутрь знания, он не находит добрым управление Творца миром, а наоборот. Поэтому сказано, что нужно верить выше знания, что это так.

И действительно, если управление Творца является добрым, дающим добро, то почему это не ощущается в знании? Мы изучали, что это так потому, что было сделано исправление, чтобы творения не ощущали стыд при получении, поэтому пока у творений нет отдающих келим, они не могут видеть свет, а остаются во тьме.

И когда человек верит в добро и наслаждение, которое существует выше знания, он приходит к осознанному ощущению зла, которое в нем. Так как он верит, что Творец в высшей степени дает благо и наслаждение, и также он видит все это благо выше знания, он приходит к осознанию, то есть ощущает во всех своих органах ту силу зла, которая содержится в получающем для себя и которая не позволяет ему получить это благо.

Получается, что вера выше знания порождает в нем способность ощутить внутри знания своего ненавистника, который мешает ему достичь добра. И это становится для него мерилом, то есть мерой его веры выше знания в благо и наслаждение [исходящее от Творца], определяется мера его способности прийти к ощущению в осознании зла.

А осознание зла приводит в дальнейшем к ощущению блага и наслаждения. Ведь осознание зла в ощущениях заставляет его исправить это зло. И это, в основном, происходит через молитву, просьбу к Творцу, чтобы давал все в свойство отдачи, называемое слиянием, ведь с помощью этих келим раскроется цель [творения] в явном управлении, то есть она уже не должна будет находиться в сокрытии, так как уже существуют келим, подготовленные получать.

69. Вознаграждение за духовную работу

В общем, в мире надо различать три фактора: Творец; творения; благо и наслаждение, которые Творец дает творениям.

Мы определяем мир Бесконечности, заполняющий всю действительность так: там нет рош (головы, начала) и соф (окончания). И здесь еще нет места для работы, потому что нечего добавить.

Первый, кто получает, это Малхут, которая, стремясь к совпадению по свойствам, сказала, что не желает получать подобным образом, когда она является получающей. Было произведено первое сокращение, и в четвертой стадии произошло умножение миров и парцуфов, душ и малахим. Иными словами, четвертая стадия — это корень всех прегрешений и место для исправлений, чего не было до того, как вышла четвертая стадия, то есть Малхут, которая называется «получающей», и которая не желает получать.

А так как новые получающие сосуды, называемые «ради отдачи», относятся к творению, поэтому это идет медленно, ведь идут против природы, то есть против желания получать, которое вышло из Творца, чтобы нижний все-таки получил. Желание приходит со стороны Творца, и все его хотят использовать.

Желание отдавать — это вся наша работа, когда мы должны идти против природы, созданной Творцом. Конечным исправлением (Гмар Тикун) называется состояние, когда общее желание получать исправится на отдающее, и тогда уже не будет работы.

Существует только четыре категории: 1) Творец, 2) творения, 3) подарок, который Творец дает творениям, 4) творения, желающие отдавать Творцу.

Усилие существует по причине того, что должны работать против природы. А желание получать исходит со стороны природы, от Его желания делать добро творениям, и над этим не надо работать. Вся работа — только над желанием отдавать.

70. Различие между святостью и ситра ахра

Различие между желанием получать, находящимся в святости, и желанием получать нечистых сил, в том, что в святости используется только часть желания, которую можно направить ради отдачи. В то время как часть желания, используемая ради получения, не находится в святости. И естественно, нельзя сказать, что желание получать ради получения исправится, ведь у него нет никакого контакта со святостью. Ведь как можно исправить вещь, которой нет у тебя?

А в ситра ахра (у нечистых сил) существует это желание получать ради получения. Но как его можно исправить, ведь никакой свет святости не может добраться туда, потому что келим отдалились от отдачи и стали пространством свободным от света изобилия? И как они могут исправиться, ведь для исправления этих келим нужен свет и изобилие, потому что света́ исправляют келим, а если нет света, то, что же их исправит?

Поэтому был создан человек, который до 13 лет приобретает сосуды получения ради получения. Но пока у него нет света, он приобретает сосуды, которые отделяют его от святости. А после 13 лет, когда начинает работать с точкой в сердце и выполняет Тору и заповеди с намерением ради отдачи, он удостаивается какой-то ступени святости. И тогда уже может начинать исправлять сосуды, которые приобрел от сихра ахра.

71. Суть изгнания

«Когда Израиль в изгнании, Шхина – с ними». Это значит, что если человек приходит к падению, то для него духовное находится в падении. Но ведь есть правило – «заповедь влечет за собой заповедь». Почему же он пришел к падению? Ответ: сверху дают ему падение, чтобы он почувствовал, что находится в изгнании, и чтобы просил милосердия, и тогда его вытащили бы из изгнания, что и означает спасение. Но невозможно спасение, если прежде не было изгнания.

Что такое изгнание? Это когда человек находится под властью эгоистической любви и не может работать ради Творца. А когда любовь к себе называется изгнанием? Только когда он хочет выйти из-под этой власти и страдает от того, что не может ничего сделать ради Творца.

Получается, что в начале работы должно быть какое-то наслаждение и вознаграждение, чтобы ради этого тело согласилось работать. А далее дают увидеть такое понятие, как ради Небес, и поскольку заповедь влечет за собой заповедь, то он должен просить, чтобы его вытащили из изгнания, и тогда он бежит из изгнания.

Каким же образом он бежит из изгнания? Он говорит, что не преуспеет в этой работе. В таком случае, что же он делает? Он «кончает жизнь самоубийством», то есть оставляет эту работу и возвращается к материальной жизни, что означает «грешники и при жизни считаются мертвыми».

Получается, что необходимо было просить о спасении из изгнания, и тогда он бежит из изгнания и «кончает жизнь самоубийством». Сказано: «Прямы пути Творца, праведники пойдут по ним, а грешники потерпят неудачу». Надо идти выше разума. Духовное падение не означает, что сейчас у него нет веры, сейчас надо усиленно работать, а вера на предыдущей ступени проверяется падением (именно) по этой работе.

72. Скрытое и открытое в управлении Творца

В обычном мире управление Творца скрыто от людей. То есть они не верят, что существует управление миром, а думают, что всё происходит без какого-либо управления, не дай Бог.

Поэтому Творец управляет этим миром вознаграждением и наказанием открыто. То есть творения обязаны придерживаться божественных законов, называемых природой, иначе они немедленно, на месте, получат наказание. И это называется «открытое вознаграждение и наказание».

Например, Творец создал творения, состоящими из четырех перемешанных между собой, основ: воздуха, ветра, воды и земли – и всё это должно быть перемешано. И если человек нарушает законы природы, добавляя, например, в свойстве «горячий» больше, чем Творец установил, то есть заходит в самое горячее место, тогда человек получает наказание, потому что нарушил законы природы и за это платит своей жизнью, умирая от избытка жары. Или наоборот, если человек заходит в самое холодное место, по сравнению с тем, что установлено природой, тогда он наказывается тем, что платит своей жизнью, замерзая насмерть. Получается, что вознаграждение и наказание открыто.

Но Творец всё еще скрыт [для них], ведь они не говорят, что есть Управляющий [в мире], а говорят, что природа – это не Творец, а просто некая сила, и нет никакого-либо управления. Поэтому в материальном мире Творец скрыт, а вознаграждение и наказание проявляются в этом мире немедленно, на месте, без всякого милосердия. А тот, кто нарушает законы природы, получает наказание на месте. И также относительно вознаграждения – когда соблюдает законы природы, он получает на месте.

73. Вкусы Торы

Едят для того, чтобы были силы работать, и работают для того, чтобы было что поесть. Едят, чтобы были силы работать. И опять всё (повторяется) сначала.

Нужно понимать, что является главным, и что – второстепенным. И это просто. Если спрашивают человека, от чего из двух он хотел бы отказаться, то есть хотят ему дать что-то одно из двух, а не то и другое вместе, то, несомненно, он откажется от работы, а не от еды, потому что есть он любит, а работать – нет. Поэтому, если у него была бы возможность отказаться от какого-то одного действия, то он отказался бы от работы и выбрал еду.

Иногда есть люди, которые не ощущают особого вкуса в еде, а едят только по мере необходимости, иначе их тело не сможет существовать, и они не смогут работать. Тогда зачем им работать? Они получают удовольствие от работы, ощущают вкус в работе, видя, что делают нечто. А к еде у них нет вкуса. И это по причине болезни или старости, как сказано мудрецами: «Не у старца вкус».

Так же в работе Творца пищей называется Тора. Есть те, кто ест, чтобы затем были силы работать, и работают, чтобы было что поесть. То есть они пробуют Тору на вкус. И если они видят, что у них до сих пор нет понимания в Торе, то должны изучать Тору как средство. То есть, чтобы благодаря силе Торы, у них были бы силы работать, потому что «её свет возвращает к Источнику». Получается, что он питается от Торы, чтобы были силы работать. И, в соответствии с этим, потом он работает, чтобы удостоиться получать пищу, то есть понимать Тору на уровне вкусов Торы. И если пока не нашел в ней вкуса, то учит Тору, чтобы смог работать. Получается, что Тора – это только средство, чтобы смог работать, как будто бы работа является главной. А иногда Тора для него – это суть, то есть когда удостаивается вкусов Торы.

74. Отец и мать

«Отец дает белое» – захар [мужская часть] спускает получающее кли [сосуд] четвертой стадии, называемое любовью к себе. «Мать дает красное» – некева [женская часть] дает сосуды [келим], но это отдающие келим.

Выходит, что невозможно обрести отдающие келим прежде, чем не решат, что получающие келим не пригодны для использования. Это значит, что невозможно обрести отдающие келим, любовь к Творцу, прежде понимания того, что любовь к себе является непригодной вещью, что эти сосуды нельзя использовать.

А порядок общей работы – это когда в дополнение к себялюбию хотят добавить также и любовь к Творцу. Но не могут эти две вещи быть вместе, поэтому вынуждены оставаться в любви к себе и не приходят к любви к Творцу, и это – то на подъеме, то в падении.

75. Деятельность великих мудрецов

Бааль Сулам повлиял своими действиями так, что даже если обыкновенный человек идёт своим путём к Творцу, то есть у него возможность удостоиться слияния с Творцом, словно это выдающийся знаток Торы. А до Бааль Сулама не простой человек, а только великие знатоки Торы удостаивались единения с Создателем. А прежде Бааль Шем Това, чтобы удостоиться связи с Творцом, человек должен был быть одним из великих мира, иначе не мог бы удостоиться раскрытия Творца.

76. Деяния поднимаются наверх

Если идут путем отдачи, то не остается у человека ничего от его добрых дел, а всё поднимается наверх, как сказано в Книге Зоар: «Деяния трепета и любви, цветущие в мире, поднимаются наверх». Тогда как деяния ло лишма (не ради Творца) остаются внизу, то есть тогда человек чувствует, что у него есть некое приобретение в Торе и добрых делах.

77. Греки собрались на меня

«Греки собрались на меня тогда, в дни хасмонеев». Греки – это «клипа» против святости. Святость (кдуша) – это стадия веры выше знания, а греки идут внутри знания. И приходят греки именно в дни хасмонеев (хашмонаим), то есть именно в то время, когда человек хочет идти путем святости. При этом ранее не было места грекам, ибо «одно против другого сделал Творец», как сказано: «Каждый, кто больше товарища своего – желание его больше него» (трактат «Сукка», 52).

Как написано: «Пришедшему очиститься – помогают» (трактат «Шаббат», 104). Почему же нет ему помощи свыше до того, как приходит? Ответ в том, что прежде чем решил очиститься от своего сосуда получения, даже если верит в то, что Творец помогает, то, как сказали наши мудрецы, благословенна их память: «Естество человека берет над ним верх каждый день, и если не поможет ему Творец, то не справится с ним человек». Человек должен поверить, что так и есть, но разумом он видит, что и без того человек делает все.

При этом тот, кто решил очиститься от сосуда получения, видит тогда, что это не в силах человеческих, но что должно произойти чудо свыше. И если не случится этого чуда – он пропал. И то, что он нуждается в помощи свыше – он видит внутри знания; а внутри знания не может быть никакой реальности, в которой он бы вышел из власти желания получать.

И вот, когда человек хочет идти путем святости, приходят греки и спрашивают, как написано: «"Почему? – скажут гои, – где Бог их?"». И тогда нельзя отвечать, исходя из знания, а только выше знания; ведь лишь Творец, Который выше знания, Который создал знание, может дать ответы на все вопросы, когда спрашивают: «Где? (айе?)».

И мы видим, что в шаббат, в книге «Кдушат Кетер» («Святость Венца»), как говорит АРИ, там, в слове «айе» светит свет шаббата, называющийся мохин де-хая, и именно выше знания греков, слышащих «айе», приходит ответ света субботы, сияющего и отменяющего все приговоры, как написано: «И исчезнут все суды».

Таким образом, опираясь на клипу «яван» («Греция»), идя внутри знания, опускается человек в пучину, и не в силах подняться, как написано: «Погряз ты в тине». И только при помощи свыше можем мы подняться.

78. Война первородного начала

Война первородного начала внутренне и внешне подобна борьбе кулачных бойцов, когда каждый желает, чтобы противник покорился ему, но вовсе не хочет убить соперника. И тогда борьба эта без всяких одеяний, борьба силы – у кого больше сил, тот подчиняет себе противника.

Так же и в войне первородного начала – вовсе не нужно его убивать. Сказали мудрецы: «Не должен человек молиться о том, чтобы грешники умерли, а чтобы раскаялись», – то есть, чтобы подчинились власти доброго начала.

79. Что означает «красива станом» в духовной работе

Душа, которая является частью Творца свыше, находится в плену народов мира. Объяснение: каждый человек – это маленький мир. Он включает в себя 70 народов мира, и все они властвуют над его душой, которая называется точкой в сердце. А потому фраза «когда выйдешь» – означает, что вступишь в войну за то, чтобы раскрыть намерение отдавать, и тогда, благодаря войне, откроется точка в сердце.

И об этом сказано: «И Творец предаст (каждого) в руки твои, и возьмешь у них пленных». То есть точка, которая была в плену у народов мира, одолеет народы мира и выйдет на свободу. И необходимо выполнить с ней определенные исправления, прежде чем примет ее ради отдачи, а иначе она возвратится в плен к народам мира, то есть исчезнет. Это означает, что народы мира властвуют над ней, над дочерью Израиля. Объяснение в том, что не видна ее красота, а наоборот они усматривают красоту в народах мира. Иными словами, если у человека отсутствует намерение ради отдачи, то это скрывает дочь Израиля, то есть душу Израиля.

80. Получаемое человеком

В получаемом человеком нужно различать 7 видов, для каждого из которых есть особые условия:
- получает милостыню,
- получает подарок,
- получает купленное за деньги,
- получает в результате обмена,
- получает плату за работу,
- получает возвращаемый долг,
- получает ссуду.

Для получающего долг имеет значение не столько сам долг, полагающийся к возврату взявшим взаймы, но еще и ущерб, который причинивший его должен оплатить понесшему ущерб. А в купленном имеет значение, получил ли вещь за деньги или в результате обмена, тогда как за милостыню и подарок ничего не дают взамен.

Недостаток милостыни в том, что человек испытывает стыд во время ее получения и был бы рад, если бы мог ее не получать. Но все равно выпрашивает подаяние. Тогда как принимая подарок, человек испытывает радость, но тут есть недостаток, ведь он не выпрашивает, говоря: «дай мне подарок побольше». Ведь обычно подарок оценивается мерой важности дающего. Тогда как милостыня оценивается размером получаемого и не имеет отношения к важности дающего.

У получающего долг нет никаких расчетов ни по отношению к дающему его, ни в отношении получаемого, и если он возвращает долг без всякой прибыли, он доволен этим. [Дело обстоит] иначе, если он имеет что-то сверх того, что дал ему – это уже называется процент, что запрещено Торой.

А получающий в результате обмена – возможно, что обмениваемые вещи являются неравноценными по их рыночным ценам, но если одному не хватает того, что есть у другого, а также второму не хватает того, что есть у первого, не говорится, что один обманул другого, так как потребность в вещи является определяющей, а не ее цена. Ведь бывает, что рыночная цена вещи дешёвая, но так как она необходима ему, он от чистого сердца согласен, чтобы ему дали её [взамен], по причине необходимости в ней хозяев вещи. То есть необходимость включается в ценность вещи.

Приобретенное через обмен, как сказал рав Ицхак из Бердичева, что [человек] дает Творцу прегрешения, грехи и преступления, и вместо этого Он даст ему прощение, отпущение грехов и искупление, и это кли и свет, ведь не может быть прощения, если не было прегрешения.

Человек, получающий вещь или деньги, – нужно различать, получает ли он от этого удовольствие, то есть был ли бы он более рад, если бы не нуждался получить их. Это справедливо в отношении получающего милостыню или получающего ссуду. Но не так в случае получения подарка или возвращенного долга, либо получения зарплаты или покупки.

И касательно обмена, можно сказать, что был бы более рад, если бы не нуждался в обмене, то есть если бы все уже было у него, и не нуждался бы в друге, который дает ему необходимую вещь в обмен на другую.

И также необходимо различать отличия в приеме людей, а не только в приеме вещей от людей, то есть в приеме гостей, в оказании приема человеку, в оказании приема мудрецу.

Принимая мудреца, человек получает удовольствие. Принимая гостей, человек уже прилагает усилия, так как должен обслуживать их, и делает это, лишь выполняя заповедь. И также следовать правилу «принимать приветливо каждого человека», тоже не всегда получается с удовольствием. Ведь иногда бывает, что приходит к нему человек, которого он не может выносить, и все равно должен принимать его приветливо.

В духовной работе вера называется милостыней. И человек был бы доволен, если бы у него было знание. Подарком называется Тора, называемая знанием, – от нее человек получает удовольствие. Но невозможно просить о подарке, ведь подарки дарят тому, кого любят. Поэтому после [укрепления] в вере, когда человек становится любимым Творцом, он получает от Творца Тору, называемую подарком.

Также Тора называется приобретением, ведь это плата за усилия, как сказано «приложил усилия и нашел – верь». Усилия заключались в том, что хотел быть в отдаче исходя из веры, и этим нашел впоследствии подарок. Так как усилия, прилагаемые им для приобретения Торы, они, как деньги, которые платят за какую-то вещь, приобретаемую за деньги.

81. «Вопреки желанию своему ты живешь...»

«Вопреки желанию своему ты живешь...» – если человек не желает получить свет жизни ради себя, а только ради слияния с Творцом, он зовётся духовно живым.

«Вопреки желанию своему ты умираешь...» – если не желает человек духовной смерти, в плену своих эгоистических желаний, ведь «жизнь грешников [эгоистов] зовётся [духовной] смертью», то в мере желания человека не быть грешником, то есть не получать высшие наслаждения ради себя, в той мере он мёртв – ощущает себя мертвым, постиг свой эгоизм как зло, а потому не пользуется им. Поэтому его желание получать ради себя называется мёртвым. А иначе жизнь его будет подобна жизни грешников.

82. Конь – для езды верхом

Отцы – эта колесница, как сказано: «И взошел Бог от Авраама». Конь считает, что хозяин дает ему все необходимое, так как любит его, как своих сыновей. Но тогда почему сыновья находятся в доме, а он в конюшне? Поскольку он может загрязнить дом, хозяин поместил его вне дома, в особом для него месте.

И хотя хозяин, действительно, дает все необходимое коню, это происходит не от любви, а чтобы конь служил ему, иначе не обращал бы на коня внимания.

Смысл этого в том, что когда человек чувствует, что он хозяин своего тела, то он говорит телу: «Я даю тебе всё не потому, что люблю тебя, а чтобы я мог служить Творцу. И все, что ты получаешь, это только для того, чтобы я мог создать намерение ради пользы Творца, иначе не брал бы ничего для тебя».

И в этом смысл масаха (экрана) и отраженного света, когда все наслаждения получают только ради пользы Творца, что означает с намерением отдавать.

83. Молитва за жизнь и пропитание

Сказано мудрецами, что если нуждаются в жизни и пропитании, то надо молиться о пропитании, так как пропитание дается живому. Жизнь является необходимостью, то есть верой. А пропитание, то есть вкусы Торы и заповедей – это «указание Творца».

И если молятся об указании Творца, то значит, обладают верой, потому что запрещено изучать Тору народам мира, как сказано: «Не сделал Он такого никакому народу, и законов (Его) не знают они».

Когда просят о жизни и пропитании, стоит просить о пропитании, ведь пропитание можно дать только для жизни. Вера называется жизнью. Пропитание называется Торой. Надо просить Творца открыть сердце Торе, и тогда само собой, будет у него вера. Потому что Тора дана только Израилю. А Израиль – это тот, у кого есть вера в Творца

84. Прикасание к тфилин

«Необходимо прикасаться к тфилин, чтобы не отвлекаться». Казалось бы [наоборот], если смотрел бы на тфилин, то скорее бы отвлекся.

Но смысл понятия «даат» (разум) означает, что следует помнить, что тфилин является чудесным средством, и прикасание к нему означает действие. А действие является верой, которая противоположна разуму, она против него.

85. Соблюдение законов Торы – только на земле Израиля

Вся Тора соблюдается только на земле Израиля. Есть такие понятия как «пустыня», «поселение», «мир», «земля Израиля». Объяснение: все заповеди могут выполняться, даже когда мы находимся за пределами земли Израиля, то есть пока еще не вошли в святую землю Израиля, называемую уровнем «Малхут Небес». Однако заповеди трепета и любви невозможно выполнять за пределами земли Израиля, и до достижения уровня «Малхут Небес» человек в состоянии выполнять [заповеди] только по принуждению, но не из любви или по желанию.

86. Ступень грешника

«А нечестивому сказал Творец: "Зачем тебе проповедовать законы Мои. Я создал мир только для праведников... и законченных грешников"».

Законченный грешник – когда он ощущает себя таковым. И тогда он использует 613 эйтин [советов], которые являются заповедями. И для праведника – это 613 пкудин [вложений, наполнений].

87. Иерусалим

Иру-шалем [досл. ира – трепет, шалем – совершенство] – совершенный трепет. Трепет, то есть недостаток, является причиной страха. А совершенный трепет – это, когда нет никакого страха.

Правая [линия] – совершенство. Левая [линия] означает страх, как «страх Ицхака». Образование средней линии происходит соединением двух. То есть, когда объединяются две линии, они образуют одно сочетание – совершенный трепет (иру-шалем).

«И есть у них глаза, но не видят» – это правая линия, совершенство. Куда бы ты ни обращался, нужно исходить из правой линии, то есть из свойства «хэсэд» (милосердия).

88. Война с Амалеком

«И было, как поднимет Моше руку свою, одолевал Исраэль» (Шмот 17:11). Получается, что как будто руки Моше воюют? Ответ на это: «Когда Израиль смотрит вверх, то он одолевает» (Рош а-Шана 29).

Объяснение: когда смотрят вверх, то это значит «стремятся к отдаче», а понятие «истаклют» [всматривание] означает, что присматриваются к чему-либо – всё ли там в порядке. Как сказано о Йосефе и Беньямине: «И Я смотрю (на него)», – иными словами «опекаю его и делаю ему добро. Писал РАМБАН, что когда смотрят в небеса, желая доставить удовольствие Творцу, то это значит «стремятся к отдаче», и это означает «поднялся». Ведь если всё ради Творца, то, само собой, Амалек, который является желанием получать, падает, – когда смотрят вверх и покоряют свои сердца Отцу Небесному [Творцу].

89. Радость и страх

Сказано: «Служите Творцу в радости и в страхе».

Человек, просящий Творца, чтобы Он дал ему желание к духовному, должен пребывать в радости – ведь дали ему понять и осознать, что духовное ему необходимо.

Тогда как прежде он был подобен больному, потому что не хватало ему осознания своего истинного состояния. И теперь, когда человеку есть о чём молиться к Творцу, должен быть страх у него.

90. Разница между деньгами и почётом

Деньги (кесеф) происходят от нижнего, который жаждет (косеф) и трудится, чтобы достичь желаемого. Почёт не зависит от нижнего, это приходит извне, как в нашем мире, когда люди понимают, кого следует уважать.

Поэтому, когда у человека есть деньги, приходит время работы ради почёта.

Когда человек начинает стремится к сближению с Творцом, чтобы Творец приблизил его, а каждый раз Творец отталкивает его, нужно верить, что все помехи идут от Творца, при этом человек не расслабляется и не мирится с этим; как ребёнок, который хочет что-то от матери, – так и человек, который жаждет Творца, хотя и отбрасывают его, он каждый раз приходит в себя после падения и вновь начинает молиться, чтобы его приблизили (к Творцу).

Затем Творец даёт ему почёт в кли, которое желало денег. Это означает, что Творец даёт ему свет Торы, как «свеча Творца – душа человека».

Выходит, что деньги – это пробуждение снизу, а почёт – это пробуждение свыше.

91. Горечь изгнания

Когда приходит избавление, когда открывается духовное, понимаем, что всё изгнание было наполнено горечью. Но пока не освободились из плена, пока находимся во власти своих эгоистических желаний, нет ещё возможности осознать своё рабское положение как горькое.

И в этом превосходство света над тьмой: что только если видим свет, мы можем видеть и тьму. А если нет понимания того, что разум находится пока в плену эгоизма, нет возможности отделить одно от другого.

92. Желания разбившиеся и исправленные

Прежние желания стали в глазах человека непригодными для духовного продвижения: если осознает человек, что причиной их разбиения послужили их эгоистические стремления получать, то теперь, возобновив свой путь исправления, будет знать, как стеречься – если будет присоединять свои неисправленные желания к пути исправления только в мере намерения работать ради Творца.

93. Царь прорывает преграду

«Царь прорывает преграду, и ничто не встанет на его пути».

«Царь» – это Творец. «Прорывает преграду» – то есть прекращает [связь] между получением и отдачей.

«И ничто не встанет на его пути» – тело, называемое желанием получать, сдаётся, признавая себя побеждённым.

94. Жених подобен Царю

Жених подобен Царю, потому что прощают ему его прегрешения.

Из этого выходит, что он подобен Царю, то есть у него есть сила отдачи. И это именно в то время, когда жених ощущает, что он на низшей ступени, и что он отменяет себя перед Царём, – тогда он подобен Царю, у которого нет никакой власти. И пойми, что отсюда следует.

95. Малхут небес начинается с милосердия

«Малхут небес начинается с милосердия», это означает покрытые хасадим. Воспоминания – это Гвура: мы знаем, что Творец помнит о нас. Трубные рога (шофарот) – это средняя линия. Шофар означает «исправьте» («шапру» – общий корень с «шофар» шин-пей-рейш) деяния ваши. Если изначально намереваются исправить деяния, чтобы были ради отдачи, начинают с хасадим, а в конце приходят к исправлению деяний, чтобы были ради отдачи.

96. Труд прежде милости

«Предваряют Тору заповеди, а мудрость – трепет... И таким будет избавление, если удостоитесь, выйдете милостью..., если не предваряете милостью, выйдете трудом, и благо тому, кто предваряет милость трудом и судом..., по труду – награда» (Книга Зоар, гл. Ки теце, стр. 19, п. 52).

Следует понять:

- Почему для того, чтобы приблизить милость, прежде должен быть труд и суд.
- Что означает «по труду – награда», ведь нужно работать без награды.

Для того, чтобы это понять, нужно знать, что означает труд, усилие и суд. И какова обещанная награда – «по труду – награда»? Известно, что нет света без кли, то есть, не может быть никакого вознаграждения, если нет хисарона. И для того, чтобы творения могли получать благо и наслаждение без стыда, сделано исправление, называемое «сокращение и скрытие», при котором (творения) не ощущают Творца.

И для того, чтобы была возможность познать Творца, необходимо обрести кли отдачи. И это большая работа и труд, и усилие, поскольку от природы мы рождаемся с келим получения. А келим – хисарон к отдаче, а не к получению ради себя, мы не понимаем нашим внешним разумом.

Поэтому когда мы хотим идти путём отдачи, это называется «выше знания», потому знание не может это понять. А если человек хочет избавиться от келим получения, это называется «очищение».

Возникает вопрос, кто даёт человеку мысль и желание очиститься от келим получения? Это приходит к нему от книг и учителей, когда он слышит и видит, что они говорят ему. А жизнь, к которой он стремится в желаниях своего тела, называется смерть, а не жизнь.

97. Должны принять Тору двумя руками

Говорится что должны принять Тору двумя руками. Сказано об этом: «Долголетие справа и слева в богатстве и почете». Понятие долголетия, как сказано в этом отрывке, в том, что нельзя прекращать работу на Творца, и всегда быть в слиянии с Творцом. И смысл в том, что «право» называется ступенью хэсэд, это отмена реальности, то есть когда он хочет только лишь доставлять наслаждение Творцу.

И понятие реальности трактуется двояко:
- в материальном
- в духовном.

Понятие материального в том, что он преданно работает на Творца. А духовная реальность проявляется тогда, когда он получает жизненные силы и наслаждение во время своей работы.

И когда его намерение во имя небес, он хочет отменить реальность, то есть согласен работать на Творца без всяких жизненных сил и наслаждения, то есть полностью отменить духовную реальность. Тогда, конечно, он не будет иметь никакого возмещения за свою работу. В этом случае он будет уверен в себе, что работает на Творца только ради отдачи, что называется понятием хэсэд.

И, само собой, у него не может быть падений в работе, поскольку все падения случаются из-за того, что он не получает наслаждение и жизненных сил, и поэтому не может продолжать свою работу. Но это не так, когда он согласен работать в этом состоянии, и, более того, когда он стремится к нему, в любом случае – не может быть у него пауз в работе. И это рассматривается как понятие «долголетия».

И таким образом нужно трактовать написанное: «и душа моя как пыль всему будет». Это значит, что его душа, то есть понятие жизненных сил, которые он получает от Торы и заповедей, будет в отмене реальности, которая является понятием «пыль», то есть в ней нет никакого вкуса. «Всему будет», смысл «всему» – между понятием «Тора» и понятием «заповедь». И он согласен достичь такого понятия отмены. И тот, кто достигает такой ступени, – не может быть у него пауз в работе на Творца, которая называется понятием «день», и это рассматривается как понятие «долгих дней».

«И слева богатство и почёт» – это левая линия, и в этом суть существования реальности. Почёт рассматривается как понятие «душа», как написано в «Шаар а-Каванот» о сказанном «дай почёт народу своему». А богатство называется понятием «Тора», как сказали мудрецы: «не бывает бедных кроме бедных мудростью» (Нэдарим, п. 41). И это называется «двумя руками». И тогда Тора у него в средней линии.

98. Тикун хацот (молитва, произносимая в полночь)

Хацот [полночь] означает «половина наполовину», то есть посредине ночи. «Ночью» называется тьма. И «посередине тьмы», что значит «половина наполовину» [поровну], когда поровну добра и зла, то есть немного подсвечивает свет святости, и человек немного ощущает, что находится во тьме, то это то время, когда он скорбит о разрушении Храма, – это в общем.

А в частности, сердце человека называется домом, как сказано: «Три фактора увеличивают разум человека: красивая женщина, красивый дом и красивые сосуды» (Брахот 57). И Книга Зоар поясняет: «Красивая женщина – это душа, красивый дом – это сердце». Если сердце человека – это дом, в котором он живет, то это должен быть дом святости, что означает «отдачу Творцу». И это было разрушено, и это место заняла любовь к себе.

99. Совершенство и недостаток (1)

Недостаток – это место присасывания ситра ахра (клипот). Поэтому во время самоанализа, когда человек прибывает в состоянии недостатка, происходит присасывание клипот. И тогда человек, несмотря на то, что не ощущает этого, все-таки отделен от святости.

Но не так [происходит] в правой линии, когда человек находится в состоянии совершенства – там нет никакого присасывания клипот, и человек пребывает в святости. И хотя это маленькая ступень, но все же это святость. Тогда как в левой линии он пребывает в недостатке и в отделении.

100. Вера и знание

Трудно понять, почему нужно стремиться к свойству хохма, которое соответствует знанию, если вся работа человека в вере выше знания? Объяснение: если бы не было в поколении праведника в знании, не могла бы общность Исраэля работать в вере выше знания. Но именно тогда, когда праведник в поколении притягивает свечение хохма, его знание светит всей общности Исраэля.

На уровне человека, если разум человека понимает и знает, чего он хочет, то органы тела выполняют свои функции и не нуждаются в разуме; руки и ноги и прочие органы делают то, что им положено.

И ни один здравомыслящий человек не спросит и не скажет, что если бы у руки или у ноги был разум, они бы лучше делали свою работу. Разум не влияет на органы тела, а важность органов определяется величием разума. Это означает, что если разум велик, то и все органы называются по его имени – большими органами.

Точно так же, если общность следует за истинным праведником, который удостоился знания, то общность может совершать действия в вере, и это даёт им совершенное наполнение, и нет недостатка в знании.

101 Вера выше знания

Пример: мы учили, что ниже табура Адам Кадмон есть десять сфирот сиюма. То есть пока он говорит, что не хочет получать из-за того, что не может построить намерение ради отдачи, светит ему свет хасадим с подсветкой хохма.

Когда же приходит ему мысль о получении, он сразу же падает с духовной ступени.

102. Хорошие деяния называются сыновьями

Хорошие деяния называются сыновьями. Также сыновьями называются понимание и знание.

Отцами называются причины, порождающие понимание.

Поэтому, когда занимаются торой, желают с помощью занятий торой и заповедями прийти к пониманию и знанию.

Однако праведники... сыновья... хорошие деяния, как трактовал Раши: «Основные следствия праведников – хорошие деяния».

103. Единство ЗОН

«И подступил к нему Йехуда». Раби Элазар сказал: «Ты – отец наш, ибо Авраама не знали мы, и Исраэля не различали мы, Ты – Творец, отец наш, извечно спасались мы именем Твоим». В комментарии «Сулам» сказано: «Ты отец наш, царство (Малхут) наше, означает – источник наш. Малхут называется «источник».

«Авраама не знали мы». При том, что его милостью существует мир, как сказано: «мир милостью устроен», – не одарил нас усердием, как Ишмаэля, как сказал (Авраам): «Лишь бы Ишмаэль жил перед Тобою». «Исраэля не различали мы... спасались извечно мы именем Твоим».

Малхут называется «Гоэл» (спаситель), и называется «ангел-спаситель». Поэтому сказано «спасались извечно мы именем Твоим».

Мы изучали, что нет разделения между избавлением и молитвой, и между ручными и головными тфилин.

Иегуда называется «молитва малхут», Йосеф называется «Есод» – то есть дающий. Поэтому называется «спаситель», и поэтому нет разделения между избавлением и молитвой, и требуется единение. Ручные тфилин называются «малхут», а головные тфилин называются «дающий», и между ними нужно сделать единство.

104. Нельзя изучать Тору нееврею

Нельзя изучать Тору нееврею, как сказано «не создал это для всех народов» (Хагига, п. 13). И суть запрета, как его толкуют мудрецы, везде, где написано нельзя, имеется в виду, что не может (не способен). Согласно этому выходит, что смысл сказанного «нельзя изучать Тору нееврею», в том, что даже тот, кто обрезан, но не соблюдает Тору и заповеди, он не может изучать Тору.

И смысл в том, что есть Тора, а есть – знание.

105. Благословен Творец наш, создавший нас во славу Свою[8]

Человек воздает благодарение Творцу, когда Творец дает ему это ощущение, и он может работать на этом пути. То есть всё, что он делает, он делает для умножения славы небес, а не ради собственной выгоды.

106. Разрушение святости

Человек должен молиться о разрушении Храма – о том, что святость [находится] в состоянии разрушения и пребывает в самом низу, и никто не обращает внимания на эту низость, на то, что святость лежит на земле, и нужно поднять ее из ее низости.

Другими словами, каждый осознает собственную выгоду и знает, что это очень важная вещь, и для этого стоит работать, тогда как отдавать – не выгодно. И это называется, что святость лежит на земле, «как камень, который некому перевернуть»[9].

Но человек не должен просить у Творца, чтобы Он приблизил его к Себе, ибо это наглость со стороны человека – ведь чем он важнее других? Тогда как, когда он молится за всё общество, представляющее собой малхут, называемую Кнесет Исраэль, общность всех душ, о том, что Шхина во прахе, и он молится о том, чтобы она восстала, то есть чтобы Творец осветил ей ее тьму, весь Исраэль автоматически поднимется по своему уровню, и также и просящий [поднимется], ибо он тоже внутри общества.

И малхут называется «внизу», то есть внизу по важности, из-за того, что человек не ощущает важности состояния «выше знания».

---

8   Из молитвы 18 благословений (Шмона-эсре)

9   Трактат Авода Зара, 8:2.

107. Голан в Башане[10]

«Башан» происходит от слова «буша» (стыд). «Голан» – от слова «геула» (избавление). Это означает, что мы приходим к избавлению благодаря стыду.

«Хермон и Тавор радуются»[11]. Тавор – от слова «батар»[12], что означает «арей батар) («расселина гор»[13]). Горами называются сомнения, то есть мысли, которые возникают у человека. «Батар» – от слов «и рассек их посередине»[14] (гл. Лех леха). Ибо сомнениями они рассекаются надвое – то есть голова [отсекается] от шеи, и тогда тело теряет свою жизнь.

108. Человек определяет

Человек определяет форму, то есть хорошо это или плохо. То есть если приходят страдания, чтобы подсластить ему, это называется добром. А если он не говорит этого, он на самом деле ощущает их, как страдания.

109. Для чего приходят на могилы праотцов

Однажды Бааль Сулам поехал в Хеврон. Это было перед тем, как он переехал жить в Тель-Авив.

Когда он вернулся из пещеры Махпела, сказал он, что ездит на могилы праотцов для того, чтобы сказать: «Когда достигнут мои деяния деяний праотцов».

110. Путь Торы

Путь страданий, то есть когда находится под воздействием страданий.

Путь Торы, когда может представить себе полученные страдания, и тогда он выигрывает в том, что не требуется ему новых страданий.

---

10 Диврей Ямим, 1, 6:56. Башан и Голан – название местностей в Стране Исраэля.

11 Псалмы, 89:13. Хермон и Тавор – названия гор в Стране Исраэля.

12 В этих двух словах используются те же буквы. «Батар» – рассечение (ивр.).

13 Песнь песней, 2:17.

14 Берешит, 15:10. И взял он Ему всех этих, и рассек их посередине, и положил каждую часть против ей соответственной...

111. Ничто не ново под солнцем

«Ничто не ново под солнцем». Обновление означает новую вещь, которой не было до сих пор. «Под солнцем» не означает обновление, потому что это природа, когда нужно работать ради собственной пользы. Выше солнца – это выше знания, и это обновление, потому что это против природы.

112. Возвращение награбленного

«Он должен возвратить то награбленное, что награбил»[15]. «Награбленное» называется то, что он получает силой, несмотря на то, что дающий не желает [давать]. Высший желает, чтобы нижний получал, только когда он платит компенсацию, то есть чтобы продавец получил наслаждение. В материальном он дает ему деньги, а в духовном компенсацией называется «ради отдачи». И это означает «должен возвратить», – то есть всё, что он получил ради получения, он должен исправить на «ради отдачи».

113. Старец ищет трепет перед небесами

«То, что не потерял я, ищу я»[16]. Это означает, что старик всегда смотрит на землю, как будто ищет что-то.

И следует понять, о чем это говорит нам. А дело в том, что «старец» – это тот, кто обрел мудрость (хохму). И прежде чем, у него пропал трепет перед небесами, он ищет на земле. А «земля» – это указание на трепет перед небесами. И он не ждет, пока он потеряет свой трепет перед небесами, чтобы тогда искать его, ибо мудрый – тот, кто видит нарождающееся[17] и ищет заранее.

114. Три участника

«Трое участвуют в создании человека: Творец, отец и мать».

Правая линия означает отца, который дает белое. Человек должен дать пробуждение снизу – это является кли, то есть потребностью, и это как «преимущество света из тьмы».

А мать дает красное, то есть левую линию, то есть красный свет, когда видно, что невозможно идти этим путем. И это означает «левая отталкивает», то есть, когда он видит, что его отталкивают с пути достижения Творца.

Тогда как «правая приближает» – означает, что он верит, что способен идти, и насколько он связан с духовным, он доволен и благодарит Творца.

---

15 Ваикра, 5:23.

16 Трактат Шаббат, 152:1.

17 Выражение, являющееся соединением двух высказываний из трактата Авот.

А когда у него есть и правая и левая линии, и он видит какое между ними расстояние, и когда он понимает, по сути, что только приходит очиститься, но не способен, тогда Творец дает ему душу. И тогда он достигает ступени человек.

115. Что означает Тора «лишма»

«Тому, кто удостоился, Торы «лишма» (букв. «во имя ее самой»), – она становится для него зельем жизни»[18]. Это означает, что он ощущает вкус Торы, являющейся свойством жизни.

«Тому, кто не удостоился, она становится зельем смерти»[19]. Другими словами, в работе на отдачу он ощущает вкус смерти.

116. Кто такие грешники

Грешниками называются те, кто не может сказать, что есть порядок Доброго, Творящего Добро.

117. Свет в ней возвращает к источнику

Иными словами, когда он занимается Торой и заповедями, и не чувствует себя хорошо, «свет в ней возвращает его к источнику»[20], чтобы он чувствовал себя хорошо. Иными словами, когда он чувствует себя плохо, он не может воздать благодарение возвращающему его к источнику, чтобы у него была возможность воздать благодарение за то, что ему хорошо.

118. Кроме «Уходи»

Человек – лишь гость, а Творец – хозяин. И известно высказывание наших мудрецов: «Всё, что говорит тебе хозяин, делай, – и так принято, – кроме: "Уходи"»[21]. Потому что, когда человек выходит из владений хозяина, он уже не является его хозяином, чтобы слушаться его.

---

18   Трактат Йома, 72:2.

19   Там же.

20   Мидраш Раба, Эйха, Предисловие, п. 2. Букв. «к лучшему, к хорошему».

21   Трактат Псахим, 86:2.

119. Из «ло лишма» приходят в «лишма»

Всегда обязано быть начало, иначе невозможно прийти к лишма.

Это означает, что человек должен верить во все земные желания, то есть еду, питье, сон и остальные желания, и кроме того — в наслаждения, заключенные в изучении внешних наук, во власть, в месть и вытекающее из этого, как сказано в общем: «Зависть, страсти и тщеславие выводят человека из мира»[22], – в то время как в этих наслаждениях заключено не больше, чем, по выражению Книги Зоар, «тонкий свет» («неиро дакик»).

В то же время в Торе и заповедях облачены в виде вклада большие света, и не такие, как в материальных наслаждениях, в которые упали лишь искры святого света.

Поэтому клипот дают человеку пробуждение для входа в святость, поскольку они хотят получить большие света. И это называется «ло лишма». А потом из этого «ло лишма» он может удостоиться «лишма».

120. Радость, вызванная танцем

В материальном мы видим, что, когда поднимают ноги над землей, это указывает на жизненную силу, ибо «ноги» («раглаим») указывают на свойство «разведчиков» («мераглим»), подобно разведчикам, которые вошли внутрь Земли [Исраэля], когда они пошли посмотреть, стоит ли прилагать усилия, чтобы удостоиться свойства святой Земли. А в знании всегда присутствуют мнения, противоположные святости, однако нужно только верить выше знания, что это земля, текущая молоком и медом.

Поэтому, когда поднимают ноги над землей и идут выше знания, тогда может присутствовать радость, хотя тут [тоже] есть подъемы и падения.

Тем не менее, прорванного не больше, чем стоящего[23], просто подъемы и падения идут в большом темпе, поэтому радость никогда не прекращается.

121. Две силы в человеке

Различают две силы в человеке:
- сила, толкающая человека выйти из состояния. в котором он находится;
- сила притягивающая, которая притягивает человека, и по этой причине он вынужден выйти из состояния, в котором находится.

Толкающая сила называется «страдание». Ощущение страданий в его состоянии вынуждает его уйти из того места и идти на поиски места, где можно будет наслаждаться жизнью.

Притягивающая сила называется «наслаждение». И если человек видит, что если он пойдёт в определённое место, где он получит большее наслаждение, чем там, где

---

22 Трактат Авот, гл. 4, мишна 21.

23 Галахическое выражение, рассматривающее годность перегородки (стенки) с точки зрения закона.

он находится, хотя и здесь у него есть наслаждения, но если он видит, что в другом месте он сможет наслаждаться жизнью больше, он оставляет своё место и идёт туда.

Но одной силы из двух недостаточно, потому что бывает так, что он не удовлетворён своим состоянием, но он не видит места, где ему будет лучше. Подобно голубю: под камнем змей, а сверху ястреб – куда можно пойти? И как Исраэль во время исхода из Египта: впереди них море, а позади фараон и египтяне.

А иногда бывает, что можно получить больше наслаждения, но нужно приложить усилие. И тогда человек боится оставлять своё место, чтобы не остаться в двойном проигрыше.

Если же есть толкающая силы и притягивающая сила, тогда человек может сдвинуться со своего места. То есть когда человек ощущает страдания в своём состоянии, и верит, что есть место, куда можно пойти и получить наслаждение, тогда человек идёт вперёд, и это называется «уклоняйся от зла и делай добро».

122. Что такое «удостоился жизни»

«Удостоился» – то есть, что когда человек говорит, что то, что у него есть желание учить Тору, хоть он и не находит в ней вкуса, в любом случае, то, что он возвращается к изучению книги, и ему дали мысль и желание прийти в дом учения, это для него – «удостоиться много», и он благодарит Творца за это. Это называется «удостоился», то есть он говорит, что он удостоился великой чести.

И благодаря этому Тора становится для него зельем жизни, и он получает жизненную силу свыше.

«Не удостоился». А если он не считает, что то, что он мог прийти в дом учения, – это потому, что его удостоили свыше и ему дали мысль и желание, поэтому, когда он приходит учиться, Тора становится для него зельем смерти, то есть он умирает, и нет у него жизненной силы Торы. И это, как сказано: «Как хороши твои шатры Яаков»[24], «а я по великой милости Твоей приду в дом Твой»[25].

123. Без рук и без ног

Можно жить без рук и не чувствовать недостатка, подобно птицам. А можно быть без ног, подобно змее, о которой сказано: «На чреве твоем будешь ходить»[26]. «Руки» – это келим, которые постигают свойство положительного. «Ноги»[27] – это свойство критического отношения и свойство отрицательного. «Выше знания» – это без рук и без ног.

---

24 Бемидбар, 24:5.

25 Псалмы, 5:8. А я по великой милости Твоей приду в дом Твой, поклонюсь храму святому Твоему в трепете пред Тобой.

26 Берешит, 3:14.

27 Ивр. «раглаим» возводится к слову «мераглим», разведчики.

124. Чтобы служить мне

«Весь мир создан, только чтобы служить мне»[28].

Как объяснил мой господин, отец и учитель, имеется в виду, что все недостатки, которые человек видит у других, он верит, что это его недостатки, поэтому ему есть, что исправлять. Получается, что все люди [букв. весь мир] служат ему тем, что раскрывают ему его недостатки (хисароны), и он не должен искать сам, поскольку они делают ему великое благо тем, что раскрывают ему его хисароны.

125. Определения (1)

«Ситра де-туво» (хорошей стороной) называется поддержка. Ему есть, на что опереться, то есть у него есть фундамент.

«Ситра де-дина кашия» (сторона жесткого суда) – то есть у него нет никакого фундамента, чтобы строить здание высшей малхут, и тогда он находится в свойстве «подвесил землю ни на чем»[29].

Средняя линия – это Пресвятой Благословенный, то есть Он помогает.

«Благодарю за прошедшее»[30], – это правая линия, «и которую Ты в будущем сделаешь со мной»[31], – это левая линия, то есть даже на состояние в будущем, то есть то, что пока еще не находится у него в руках, называемое хисароном. И в любом случае, он благодарит и восхваляет, как будто он уже получил наполнение своего хисарона, и не остается отделенным в момент своего критического отношения.

«Хафец хесед» означает, что он не смотрит на себя, на то, что есть у него, а наоборот, смотрит на Творца, то есть на то, что есть у Творца. А у Творца есть совершенство, в таком случае, он служит совершенному.

Кли, ощущающее духовность, в общем называется словом «нешама» (душа).

В душе есть пять свойств, называемых НАРАНХАЙ.

126. Посещение больных

Творец выше головы больного. «Больным» называется чувствующий недомогание с головой, то есть посторонние мысли, и недомогание с чревом, то есть келим получения. И знание о том, что он болен, даёт Творец.

---

28   Сочетание двух высказываний мудрецов: из трактата Кидушин, 82:2 и трактата Санедрин, 37:1.

29   Иов, 26:7.

30   Трактат Брахот, 54:1.

31   Из субботнего гимна «Владыка всех миров». Благодарю я пред Тобой, Творец Всесильный мой, и Творец предков моих за всю милость, которую Ты совершил со мной, и которую Ты в будущем сделаешь со мной...

127. Счастлив человек

«Счастлив человек, которому Творец не вменяет вины его, и в чьём духе нет возвышения» (Книга Зоар, гл. Насо, стр. 1, п. 1).

Объяснение: почему не вменяет ему Творец вины его, хотя он повинен? – Потому что в его духе нет возвышения.

«Возвышением» называется гадлут (большое состояние), потому что повинен в грехах. Иногда человек может возгордиться, и тогда он обвиняет Творца. Но про себя думает, что он в порядке.

И это означает, что он превозносится духом и обманывает себя, думая, что он в порядке, и этим он лжёт себе. Поэтому в гордыне он уподобляется соблюдающему Тору и заповеди, тем, что выполняет заповедь «брит мила», но потом чувствует, что не выполнил эту заповедь.

128. Возвышайте Творца Всесильного

«Возвышайте Творца Всесильного, поклоняйтесь горе святости Его, ибо свят Творец Всесильный наш».

«Возвышайте» означает, что, если человек хочет знать высоту и величие Творца Всесильного, это можно постичь только через слияние и совпадение по форме.

«Поклоняйтесь горе святости Его». Поклонение означает принижение себя, когда человек принижает своё знание и говорит, что я отменяю то, что знание понимает и не понимает, и принижаю его. Перед чем я принижаю его? – Перед «святой горой».

Почему нужно принижать себя перед мыслями святости, то есть отделять себя от получения ради получения, «ибо свят Творец Всесильный наш», потому что Творец только отдаёт. Поэтому нужно быть, как Творец, по форме. И так могут постичь высоту Творца. А затем могут прийти к постижению высоты Творца.

129. Знание и вера

Человек работает и прилагает усилия, чтобы соблюдать законы питания тела, будь то сознательно или неосознанно по той причине, что вознаграждение и наказание [тут] открыты.

Поэтому, даже если человек не ощущает вкуса в еде и питье, например, когда он болеет, в любом случае, человек заставляет себя есть и пить, даже если он не наслаждается этой пищей, поскольку, если он не будет соблюдать эти законы, он получит наказание, и не просто наказание, а смертную казнь.

Тогда как с пищей души, то есть с Торой и заповедями, когда человек не находит в них вкуса, он не может заставить себя соблюдать их. Но, как сказано выше, насколько он верит в вознаграждение и наказание, настолько он и соблюдает их.

Однако вознаграждение и наказание не раскрыты человеку, ведь питание души зависит от веры и от величины этой веры. И не всегда человек способен идти в вере. В то же время, когда вознаграждение и наказание – в знании, это вещь сильная и ясная, и нет речи о том, что у него есть подъемы и падения.

130. Свидетельство Творца

«Свидетельство Творца верно, умудряет глупца»[32]. Если человек знает, что он глупец, тогда Тора умудряет его.

«Тора Творца совершенна» означает, что иногда бывает, что человек учит Тору, но имеется ли в виду, что это Тора Творца, то есть что вся Тора целиком есть имена Творца?

А есть Тора Творца, то есть что вся Тора говорит только о Его святых именах. Ведь в Торе заключено свойство «Пардес»[33], поскольку всё это передано от Творца через Моше. Однако три свойства «Парад», являющиеся его облачениями, говорят о людях, то есть, как человек должен исполнять их.

Но «тайной» (сод) называется то, что должен раскрыть Творец, и это называется «раскрывают ему тайны Торы»[34], то есть они говорят только о святых именах. И когда человек хочет удостоиться «совершенной Торы Творца», то есть чтобы она включала в себя «Пардес» и когда он чувствует, что он в состоянии глупца, поэтому приходит ответ – «свидетельство Творца».

Иными словами, свидетельство, когда Творец свидетельствует о нем, что у него есть «совершенная Тора Творца», имеет место, если он удостоился состояния «умудряет глупца». То есть в то, в чем до этого он был в состоянии глупца, после этого он удостаивается свойства мудрости.

А настоящее объяснение, что такое «глупец», дал мой господин, отец и учитель, как сказали мудрецы: «Кто глуп, пусть завернет сюда»[35] – это Моше, где имеется в виду вера. Другими словами, тот, кто идет по пути веры, называется глупцом, и это называется, что он идет по пути «лишма», и тогда открывают ему тайны Торы.

131. Увидь жизнь с женой, которую любишь[36]

Это означает, что человек должен поместить жизнь от Древа Жизни, то есть Зеир Анпина, в то место, то есть малхут, называемую женой. А одно без другого, то есть Зеир Анпин без малхут, не идет. И человек должен включить свойство дня в ночь, ибо жизнь, являющаяся свечением хохмы, может пребывать только на малхут.

Выяснение вещей. «Женой» называется высшая малхут. «Которую любишь» – иными словами, прием высшей малхут должен быть, как сказано: «Люби Творца

---

32 Псалмы, 19:8. Тора Творца совершенна, оживляет душу, свидетельство Творца верно, умудряет глупца.

33 «Пардес» – букв. «сад», здесь сокращение от слов: пшат (простой смысл), ремез (намек), друш (толкование), сод (тайна).

34 Трактат Авот, гл. 6, мишна 1.

35 Притчи, 9:4.

36 Коэлет, 9:9.

Всесильного твоего»³⁷. «День» называется правая линия, которая находится в свойстве «хафец хесед» и довольна своей долей. А «ночь» называется свойство хисарона, «познай Его»³⁸ (познай хэй-вав) — то есть вся работа состоит в том, чтобы соединить Авая.

132. Высший и нижний

Келим покупающего и келим покупки. Высший — это покупка, а нижний — это покупатель. Экран нижнего, который есть у него в «эйнаим»³⁹, называемый «завеса глаз» — он видит, что и у высшего есть только гальгальта и эйнаим. Получается, что экран нижнего скрывает высшего.

А когда высший дает экран, скрывающий высшего от нижнего, то есть снимает с себя экран и оставляет его у нижнего, получается, что таким образом нижний обретает (покупает) гадлут.

Выходит, что экран и скрытие высшего, когда он оставил это нижнему, нижний видит, что нет никакого скрытия на высшего. И спрашивается, кто до этого делал скрытие? Только сам высший. И это называется, что высший дает нижнему экран. И это он видит сейчас, когда высший снимает с себя скрытие своей важности.

133. Всё это исправления

«Все болезни, которые Я навел на Египет, не наведу на тебя, ибо Я, Творец, — целитель твой»⁴⁰.

Вопрос мудрецов: если «Я не наведу болезни», зачем же нужен врач?⁴¹

И следует объяснить: раз Я — целитель, зачем же мне наводить на тебя болезни, если Я обязан лечить эти болезни?

А что я выиграю, если наведу болезнь? Нет сомнения, что это из-за наказания. А если Мне нужно излечить болезнь, что это будет за наказание, ведь получится как будто Я произвожу напрасную работу.

Поэтому Я не наведу на Тебя болезнь. А то, что ты думаешь, что является болезнью, в этом ты ошибаешься. Ведь все состояния, которые ты ощущаешь, если ты приписываешь их Мне, всё это исправления, с помощью которых ты приблизишься ко Мне в слиянии.

---

37 Дварим, 6:5.

38 Притчи, 3:6. На всех путях твоих познай Его, и выпрямит Он стези твои.

39 Букв. «глаза».

40 Шмот, 15:26.

41 Трактат Санедрин, 101:1.

134. В ГАР нет покаяния, приносящего пользу

Когда свет светит в келим, нет отличий между светом и кли (сосудом), когда же свет удаляется из кли, тогда ощущается существенное различие между ними.

Поэтому, когда удостаиваются возвращения к Творцу от любви, злые деяния превращаются в заслуги (очищение). Это происходит по причине того, что высший свет светит всем келим, то есть всем деяниям.

Тогда все деяния становятся сосудом для света, и даже злые умыслы становятся заслугами, то есть кли для получения высшего света.

Ведь суть злых деяний происходит от кли, получающего ради получения, и когда они раскаиваются и возвращаются к Творцу, то есть когда, вследствии исправления, они становятся дающими, они превращаются в келим, в которых покоится изобилие.

В связи с этим возникает вопрос по поводу того, что сказали мудрецы в нескольких источниках «тшува (покаяние, возвращение к Творцу) не приносит пользу».

Ведь есть правило «ничто не устоит перед покаянием».

Везде, где мудрецы говорят «тшува не приносит пользу» имеется в виду место, где невозможно совершить покаяние.

Ведь получать ради отдачи можно только в ВАК (6 сфирот) хохмы.

Тогда как в ГАР (первые 3 сфиры) хохмы тшува не приносит пользу, то есть в них невозможно получение ради отдачи, так как ГАР не может светить до того, как наступит окончательное исправление.

135. Праведники берут силой

Существуют 3 вида получения:
- получающий подаяние,
- получающий подарок,
- берущий силой, то есть требующий то, что ему причитается.

1. Подаяние. При получении подаяния стыдятся, но, требуют, вопреки стыду.

2. Подарок. Подарок не принято требовать, его дают без всякого требования со стороны получающего. Принято дарить подарки тем, кого любят.

3. Берущий силой, не стыдится просить. К чему можно отнести это состояние – к подаянию, которое требуют стыдясь. Нельзя отнести это к подарку, так как подарок не просят.

Когда человек хочет попросить что-то значительное, но не ради своей выгоды, а ради дающего, тогда это не называется подаянием, так как просит не для своей выгоды, поэтому нет в этом стыда. И на подарок это не похоже, так как это не для собственной выгоды. Поэтому он может просить и не стыдиться при получении.

Поэтому это не похоже на подаяние и называется свойством получения праведников, берущих силой, как долг, который им полагается в соответствии с целью творения, делать добро своим творениям.

В этом суть «возврат долга – это заповедь»

136. Приношение в жертву Ицхака

Приношение в жертву Ицхака, когда Авраам, являющийся правой линией, свойством веры выше знания, связал левую линию, которая является свойством разума, который все критикует. И Авраам дал ему общую картину состояния, в котором он находится. И оставил он левую линию и принял на себя свойство правой, веры выше знания. И с помощью этого он удостоился потом средней линии.

То есть существует отличие между получением правой линии до того, как видел левую и состоянием, после того, как увидел левую линию и вновь возобновляет правую.

Правая линия, вера выше знания, называющаяся самопожертвованием, так как отменяет весь свой разум, приобретенный в левой линии, и идет выше знания, и тогда удостаивается средней линии.

137. Хисарон является кли

Главное это хисарон, который называется кли для получения наполнения. Величина наполнения измеряется степенью хисарона.

Случается, что при существовании одного и того же наполнения, не больше и не меньше, один наслаждается от наполнения и настолько радуется, что нет у него слов, чтобы выразить всю свою радость. Другой же ощущает, что нет у него никакого наслаждения и веселья, чтобы оживить свой дух. Иногда он ощущает, что вся эта жизнь ему надоела, так как не видит в ней никакого смысла.

К примеру, здоровый человек, тело которого находится в целости, все органы которого целы и здоровы, стремится получить наслаждение и удовольствие, чтобы было чем оживить свой дух, но не может достичь наслаждения.

В противоположность ему другой, который страдает от болезни, и врачи решили, что он должен пройти операцию, но не знают удастся ли она и жизнь его находится в опасности. Его проверили несколько специалистов, но не могут они обещать, что он выживет.

Пришел к нему один мудрец и дал средство, которое ему помогло. После этого он пошел к врачам, и они подтвердили, что он целый и здоровый и нет у него никакого недостатка. Тогда, без сомнения, он будет радоваться и не скажет, что не от чего ему получить оживление, и пребывает он в большом веселье.

Первый же, несмотря на то, что здоров, не может находиться в оживлении от этого, так как нет у него никакого недостатка в здоровье, поэтому такое наполнение не дает ему никакого оживления.

Возникает вопрос, является ли наполнение, которое приносит ему радость настоящим или это только воображение.

138. Путь далекий и близкий

Слияние называется жизнью, святостью. Отделение, то есть получение ради себя, называется смертью, отделением от источника жизни. А отделенный от святости считается скверной.

Вопрос «почему мы лишимся»[42] был об оскверненном от умершего, а ответ Творца был как об оскверненном от умершего, так и о том, кто в далеком пути.

Близкий путь к святости – тот, который идет по пути отдачи. А «далекий путь» – тот, который видно, что идет по пути получения, отдаляющем его от святости.

«Нечисты от умершего»[43] – то есть пришли к осознанию зла, и тогда они кричат: «Почему мы лишимся?» Однако принадлежащие ко всему обществу (кляль) не чувствуют, что они нечисты от умершего, а все устремления их телесные, а что касается души, они не чувствуют ничего, чего бы им не хватало, и тогда они были бы чистыми.

Ведь чистый и оскверненный – это в ощущении человека, ибо несмотря на то, что человек болен, если он не чувствует болезни, он не идет к врачу лечиться. Получается, что в своем ощущении он здоров, хотя это и неправда.

И зависит от того, относительно кого должна быть эта правда.

139. Свойство ноги и сандалии

«Как прекрасны в сандалиях ноги твои»[44] (Книга Зоар, гл. Хукат). Сандалия находится на ноге человека. Здесь следует различать понятие «ноги» и понятие «сандалии». В материальном сандалии защищают ноги, чтобы они не повредились. Иначе, если нет сандалий на ногах, ступающих по земле, иногда бывают вещи, которые могу наносить вред, и из-за этого человек повреждается.

В плане духовной работы ноги («раглаим») называются свойством разведчиков («мераглим»), которые пошли разведать Святую Землю, стоит ли вкладывать работу и усилия, чтобы войти в Святую Землю. И поскольку ноги входят в контакт с внешними, то есть с внешними мнениями, которые отдаляют человека от входа в духовную работу, исправление – это «сандалии» («наалаим») от слова «замок» («миналь»), закрывающий мысли и желания, которые приносят ему разведчики.

И эта сандалия называется верой выше знания, как сказано: «Глаза у них, но не увидят они, уши у них, но не услышат они»[45]. И тогда говорится: «Как прекрасны в сандалиях ноги твои», – то есть, если нет ног, нельзя говорить о том, что он носит сандалии, ибо нужно и то, и другое, ноги и сандалии, и тогда это называется «красота».

---

42 Бемидбар, 9:7. И сказали те люди ему: Мы нечисты от умершего; почему же лишимся [права] принести жертву Творцу в ее пору назначенную среди сынов Исраэля?

43 Там же.

44 Песнь песней, 7:2.

45 Псалмы, 115:5.

140. Различие между завистью и алчностью

Автор книги «Начало мудрости» (Шаар а-анава, 87) приводит пример действий алчного человека (который желает завладеть всем, что он видит) и завистника (который всегда завидует другому, хотя и не нуждается в том, чем тот владеет, но спрашивает, почему у того есть, а у него нет).

Два человека шли вместе, остановил их ангел. Сказал им: «Пусть каждый из вас попросит у меня, что хочет, и исполню его желание, но другому дам в два раза больше, чем тому, кто просил».

Алчный желает две части, поэтому не хочет просить первым. Второй тоже не желает просить первым, потому что завидует другому, если тот возьмёт вдвойне, чем получит сам.

Наконец, алчный уговорил завистника просить первым. И попросил он, чтобы выкололи ему один глаз, чтобы другому ангел воздал вдвойне и выколол ему оба глаза.

В этом различие между завистью и алчностью.

141. Дух мудрецов неприятен ему

Дух, называемый духом мудрецов, который светит в келим выше знания, называется хасадим. Поэтому, когда человек должен получить дух хасадим, он неприятен ему. То есть, это против духа людей, и они хотят получить свойство мудрецов, а не дух мудрецов, что означает – хотят получить внутри знания.

Но получить дух мудрецов, чтобы хохма облачилась в хасадим, что называется духом мудрецов, – это неприятно им. Это называется «дух мудрецов неприятен ему».

И в простом смысле «дух мудрецов неприятен ему» означает, что это не хорошо, потому что мудрецы говорят, что это так, но в духовной работе можно объяснить, что «дух мудрецов неприятен ему» – это вера выше знания. Но это неприятно людям, которые хотят получить внутри знания.

142. Страдание Шхины (1)

Страдание Шхины. Как царь, у которого есть дворец, полный всяческих благ, но нет гостей. Подобно тому, кто устроил свадьбу сына и заказал сотни порций, а сейчас у него нет гостей, то есть нет того, кто захотел бы прийти и наслаждаться дворцом.

И это страдание Шхины.

143. Необходимость осознания зла

Почему нам нужно осознание зла – что мы настолько [глубоко] лежим в грязи и выхода нет? Это сравнение. И всё это потому, что нужно сказать: «Большое спасибо!» И есть разница, насколько Он помог ему, и насколько велико благо, которое он получил, настолько он становится любящим и прилепляется к Нему. И может работать на Него, ибо Он велик и управляет всем.

Объяснение. Величие Творца познается человеком, именно если Он сделал ему чудо, и в мере чуда в нем пробуждается любовь. И величие Его познается из того, что Он мог помочь ему в большой беде. В то же время разведчики сказали: «Не может хозяин спасти свои келим (букв. посуду)». И потому сказано: «Из тесноты [то есть беды] воззвал я к Творцу – простором ответил мне Творец»[46], – то есть именно, когда человек находится в бедственном состоянии.

144. Открытое и скрытое

Тора состоит из двух частей. Есть часть выполнения заповедей, это открытая часть, видимое действие. И есть часть Торы, называемая «скрытой», которая невидима. Первая часть относится ко всему обществу. Но та часть Торы, которая не относится к действию, называется «скрытая», и она относится к мыслям и желанию, то есть, к разуму и сердцу.

145. Стремление к знанию

Стремление к знанию приходит к тому, кто совершает действия, чтобы знать, то есть прилагает усилия и трудится по мере своих сил. Эти действия вызывают у него стремление к познанию Торы. Так формируется в нём кли, называемое желание и устремление. Но само знание приходит свыше, и человек не может содействовать знанию. Он может содействовать только кли, прилагая усилия к знанию.

146. Страдания и радость

Страдания – это левая линия, то есть, когда человек переосмысливает свои действия, являются ли они истинными, ради отдачи. И тогда он видит все свои недостатки. И это называется страданиями, то есть, он испытывает боль от того, что он настолько слаб в отдаче.

Потому что тогда он видит истину, что он не способен ничего сделать с намерением отдачи, и нет у него путей выхода из его состояния, и видит, что только Творец может ему помочь. Поэтому есть в нём место для молитвы, чтобы молиться Творцу из глубины сердца.

---

46 Псалмы, 118:5.

И когда человек занят Торой и молитвой, он должен выполнять правило «Служите Творцу в радости», и тогда нужно перейти в правую линию, называемую совершенством.

И нужно радоваться тому, что у него есть связь с духовным, и даже одна минута в день считается для него большим достоянием. Потому что даже малую вещь по количеству и качеству человек не способен оценить, если говориться о важных вещах, таких, как святость, Тора и заповеди.

И он должен благодарить Творца за то, что удостоил его тем, что дал ему мысли и желание к малым духовным вещам. Ведь он видит, что у него нет важных преимуществ перед другими людьми, но Творец всё же удостоил его. Это состояние обязывает его благодарить Творца, то есть это время петь псалмы и восхвалять Творца.

147. Линия работы

Одна линия называется совершенством, массы народа идут по одной линии, по одному пути, когда у каждого есть своя часть в Торе и заповедях. И каждый руководствуется тем, сколько ещё усилий ему нужно приложить, чтобы у него появилось чувство выполненного долга.

И каждый оценивает для себя, выполнил ли он всё, как он понимает, и тогда он удовлетворён и чувствует, что идёт по пути Творца, и каждый день продвигается вперёд.

Тот, кто идёт по правой линии, должен поступать так же, как те, которые идут по одной линии, а различие между ними в том, что у тех, кто относится к одной линии, нет большего хисарона.

А те, которые идут по правой линии, испытывают трудности, потому что левая линия отменяет правую, а левая пробуждает стремление к духовному, и даёт понять, что нужно идти в «лишма», потому что это главное. И поэтому ему трудно идти в лишма, и нет у него удовлетворения, ради которого стоит идти, потому что левая линия пробуждает стремление и хисарон к духовному.

При этом одна линия не пробуждает в нём хисарон, и каждый раз он добавляет (действие) и идёт, так как у него есть видимый результат. Но левая линия перечёркивает всё.

148. Вера называется действием

Вера называется действием, а не разумом. А в вере, когда тело не соглашается, он должен идти путем принуждения, который выше смысла и знания – одно только действие.

И это подобно тому, как когда ребенку дают есть, родители дают ему понять, что это ему во благо, то есть несмотря на то что ребенок не находит в этом никакого смысла. Однако насколько родители дают ему понять, настолько он не хочет слушать. И тогда родители действуют принудительно, хотя ребенок и не хочет [этого], то есть они поступают с ребенком в плане действия, не дожидаясь, что ребенок скажет, что уже понял, что стоит поесть эту еду.

Так же и в свойстве веры нечего ждать, пока тело согласится, что стоит отказаться от эгоистического получения, а нужно поступать с телом в плане действия, что называется силой, хотя в разуме тело и не согласно на это.

149. Земля – это малхут небес

«И кроме того Я установил союз Мой с ними, чтобы дать им землю Ханаана»[47]. Благодаря тому, что они сделали обрезание, они унаследовали землю, как сказано: «А народ твой, все праведники ... навеки унаследуют землю»[48] (Книга Зоар, Ваэра, п. 20).

И следует спросить, какое отношение обрезание имеет к земле. Как сказано «из-за обрезания», то есть благодаря тому, что они сделали обрезание, унаследовали они землю.

А дело в том, что землей называется малхут небес, то есть свойство пребывания Шхины, поэтому пребывающий там, то есть отбросивший от себя крайнюю плоть, называемую тремя нечистыми клипот, которые происходят от желания получать, и принявший на себя сокращение, чтобы не пользоваться получающими келим, достоин пребывания Шхины, называемой «Земля Исраэля», то есть святая земля.

И есть три вида [исправлений] в столкновении с «этим негодяем»[49]: тащи его в дом учения, прочесть Шма и напомнить ему о дне смерти.

150. Нож для убоя скота

Ножом называется то, чем забивают. А у самоотверженности [букв.: отдачи души] причина должна без какого-либо изъяна. Например, совершающий самоубийство [делает] это из-за изъяна, ведь он потерял смысл жизни по нескольким причинам, и потому кончает собой. Поэтому, когда человек принимает на себя самоотверженность, надо смотреть, чтобы в причине этого не было никакого изъяна, а это было бы из любви к Творцу. Поэтому нож проверяют, чтобы в нем не было никакого изъяна.

151. Об альтруистическом желании

Если желание Творца – насладить свои творения, то если творения получают Его благо, то тем самым Он получает удовольствие от того, что наслаждает? Но Творец ведь только всё отдаёт и ни в коем случае ничего не получает! Как же существуют вместе эти два противоположных объяснения?

И этот же вопрос следует задать также по отношению к человеку: как человек, свойство которого получать для себя, сможет обернуть это своё эгоистическое желание в противоположное ему – желание только отдавать? Ведь даже если он и отдаёт, обязан получить от этого удовольствие, а иначе не был бы в состоянии что-либо отдать, так как

---

47 Шмот, 6:4.

48 Йешая, 60:21.

49 Трактат Сукка, 52:2. Если обидел тебя этот негодяй, тащи его в дом учения.

не видел бы выгоду, что он за это может получить. А без выгоды для себя человек не в состоянии исполнить какое-либо действие.

И кто хоть немного осознаёт это, не может сделать ничего, не получив что-нибудь взамен, а только при условии, если Творец поможет ему совершить такое безвозмездное действие. И это определяется как действие, выходящее за рамки человеческого разума, и даётся Творцом человеку в подарок.

Но по отношению к Творцу мы вообще не можем понять своим разумом, что существует такое свойство как чистая отдача без всякой примеси получения и выгоды для себя – это находится выше нашего понимания, так как мы изначально созданы только с эгоистическим желанием получать для себя.

152. Идти в скромности

«Идти в скромности» – это намерение, ибо «совершение правосудия и любовь к милости»[50] должны привести человека к намерению. А намерением называется «идти в скромности», по той причине, что не может человек видеть намерение ближнего.

153. Хороша Тора с «путем земли»

«Хороша Тора с "путем земли"»[51]. Землей называется малхут. А путь малхут – это свойство веры выше знания. «Хороша Тора с "путем земли"» – то есть если у него есть точка, проявившаяся для исполнения Торы в свойстве веры, а иначе он не может прийти к исполнению Торы, то есть постичь свойство Торы. Ведь нельзя обучать Торе идолопоклонников.

А мой господин, отец и учитель, обычно говорил, что всюду, где написано «нельзя», это означает, что «не могут, даже если хотят». Поскольку это относится к исправлениям, ибо он не может, даже если хочет перейти.

154. «Сидящие на углах»[52]

[Есть] «сидящие на углах» [то есть бездельники], и есть мудрецы. Углом называется свойство веры, когда еще не удостоились свойства Торы. Ибо Тора называется свободным пространством, а вера называется углом. И нужно стараться удостоиться свойства Торы.

---

50 Миха, 6:8.

51 Трактат Авот, гл. 2, мишна 2. Путь земли – идиома, означающая «вежливость», «достойное поведение»

52 Т.е. на углах улиц. Талмудическое выражение, означающие «бездельники»

155. Ты выбрал нас (1)

Человек должен сделать выбор. Но когда человек делает выбор, то Творец выбирает из выбранного человеком, и даёт ему наполнение, принадлежащее его выбору, как объяснялось в «Если женщина зачала и родила мужчину».

156. Освящение луны

Следует понять, почему именно нужно освящать луну.

Известно, что солнце и луна символизируют Зеир Анпин и Малхут, и по правилу (духовного) корня и (материальной) ветви мы читаем молитву Освящение луны: «Да будет желание исправить ущерб луны». Следует понять значение ущерба луны, как нам дано освящать луну и просить у Творца, чтобы исправил этот ущерб, и в чём её ущерб.

Из сказанного мудрецами: «Принесите Мне искупление за то, что уменьшил Я луну» (Талмуд, Хулин стр. 2) следует, что будто бы Творец совершил грех тем, что уменьшил Луну. И следует понять, что это за грех, который нужно исправить.

Известно, что луна символизирует Малхут, то есть Малхут небес. Это означает, что мы должны верить, что «полнится земля величием Его», но при этом создано сокращение и сокрытие, из-за которого мы не ощущаем это (величие).

Следует верить верой выше знания, что это так. Выходит, что скрытие, которое создал Творец, приводит к тому, что творения не могут принять на себя Малхут небес по причине сокрытия. Но кто создал сокрытие – разве не Творец? Тогда это подобно запрету: «не ставь препятствие перед слепым».

И действительно, зачем Он создал сокрытие? Объяснил мой господин, отец и учитель (Бааль Сулам), что без сокрытия не было бы возможности выбора получать ради отдачи, а все творения были бы работниками Творца в получении ради себя. Но после того, как Он создал сокрытие и сокращение, появилась возможность выбора, чтобы творения работали ради отдачи.

Отсюда следует, что если нижние приносят жертву, то есть приближают себя к Творцу (слова «жертва» и «приближение» имеют общий корень куф-рейш-нун), то есть делаются подобными по форме, то все видят, что благодаря сокрытию была возможность достичь совпадения по форме.

Выходит, что нет греха в том, что (Творец) сотворил сокрытие, и сократил Малхут, а наоборот – именно сокрытие явилось причиной всего. Выходит, что ущерб проходит. Поэтому сказано: «Принесите Мне искупление». А «искупление» от слова «зло» (общий корень рейш-айн). «Омоет человек руки свои», то есть весь ущерб стирается.

Следовательно, время освящения луны означает, что посредством ущерба и скрытия стало возможным войти в работу ради отдачи. Выходит, что это не называется ущербом и недостатком, а считается исправлением. Это называется освящением луны, и так восполняется ущерб, то есть становится видно, нет никакого ущерба.

157. Что сначала – благословение или мир

Благословение приходит сначала, но не держится. Поэтому ушло из него благословение. Из-за этого нужно пользоваться благословением, чтобы был мир, именно, чтобы не было различия формы. Потому каждый раз, когда получает благословение, нужно пользоваться благословением, чтобы удостоиться мира, где мир называется подобием формы.

И когда будет у него подобие формы, называемое миром, тогда, если придет благословение, оно уже сможет удержаться и не уйти.

158. По страданию и награда

Когда человек исполняет Тору и заповеди, они приводят его к мысли и желанию, чтобы он захотел очистить себя. И это называется «пришедший очиститься»[53]. Это время, когда он вкладывает силы, чтобы очистить себя от эгоистической любви.

И тогда он приходит к страданию и боли от того, что он не может прийти к чистоте, а наоборот [остается в скверне]. Ведь всякий раз он лучше видит истину – насколько он погряз в эгоистической любви, и не видит в перспективе никакой обстоятельств, которые могли бы вытащить его из нее.

И тогда, когда он сожалеет об этом, он получает потребность в помощи Творца, чтобы Он помог ему. И тогда приходит помощь свыше, как сказали наши мудрецы: «Пришедшему очиститься помогают»[54]. И это целиком считается светом.

И тогда говорят: «По страданию и награда». Другими словами, то, отсутствие чего он переживает, он может получить за свое страдание. К примеру, человек сожалеет, что у него нет уважения, тогда страдания заставляют его делать дела, за которые его все же будут уважать и тому подобное.

Поэтому, когда человек сожалеет о том, что он не может очистить себя от получающих келим, что в таком случае будет вознаграждением, действительно дающим ему силы очистить себя от получающих келим? Получается, «по страданию и награда», то есть о какой материи он сожалеет, на эту материю он и получает наполнение.

Из всего сказанного вытекает следующее. Вопрос был, как можно получить вознаграждение. Ответ: весь запрет получения вознаграждения состоит в том, чтобы он не был получающим, но здесь, наоборот, он желает вознаграждения, чтобы иметь способность отдавать, а это, безусловно, разрешено. Получается, что нет света без кли, в таком случае без страдания невозможно притянуть милосердие.

«По страданию и награда» – то есть за то, о чем он сожалеет, он получает вознаграждение. И не то, что он сожалеет о деньгах, а ему дают уважение. А вознаграждение, дающее ему возможность отдавать, разрешено, так как в этом состоит цель творения.

---

53 Трактат Шаббат, 104:1.

54 Там же.

159. Необходимость и важность изучения веры

«Выбери жизнь». Постановил раби Ишмаэль, что это ремесло. Поэтому сказали мудрецы: человек должен обучить своего сына ремеслу, если не обучил его, пусть учится сам. Почему так? Чтобы было у тебя, как предписано (Иерусалимский Талмуд, трактат Кидушин, 91).

Отсюда следует, что есть заповедь изучать ремесло. И это соответствует правилу «выбери жизнь». Но почему нет такого порядка в ешиве (семинарии), чтобы каждый из учеников изучал ремесло? И почему руководство ешивы не заботится об этом?

В трактате Кидушин (стр. 30) сказано: ««Изучать ремесло – на чём основано это правило? – сказал раби Хизкия, – увидишь жизнь с женой, которую возлюбил ты". С женой – и как должен жениться, так должен учиться ремеслу. И как обязан учить Тору, так обязан учиться ремеслу. Но почему не усердствуют в этом?»

А в комментариях к первой части трактата Кидушин сказано: «Раби Йоси, сын раби Элазара, сказал от имени Рабана бен Гамлиэля: "Каждый, кто владеет ремеслом – чему это подобно? – огороженному винограднику. И не войдут внутрь него зверь и животное, и не выйдут и не возвратятся внутрь него, и не видят, что внутри него"».

Следует спросить: что общего между ремеслом и огороженным виноградником, куда не войдут зверь и животное? А также, что означает, что не выйдут и не войдут обратно, и не видят, что внутри него? Пускай бы видели, что внутри него. Разве стоит ради этого откладывать занятия Торой и учиться ремеслу?

В трактате Кидушин (29, стр. 1) сказано: «Раби Иегуда сказал: "Каждый, кто не обучает своего сына ремеслу, обучает его разбою. Действительно ли разбою? Считается, что как будто обучает его разбою". Выходит, что Иерусалимский Талмуд относит это к заповедям выполнения, то есть "выбери жизнь", а, по словам раби Иегуда это относится к запрету "не укради", ибо сказано "как будто обучает его разбою"».

И в том, что касается ремесла, мы видим противоречие в словах мудрецов: «Объясняет Бар Капара: "Всегда должен человек обучать своего сына ремеслу простому и чистому". Каково оно? Объясняет рав Иегуда: "Как игла портного". Объясняет РАШИ: «Игла, шьющая швы, когда шитьё делается шов за швом, строчка за строчкой, как борозда от плуга» (трактат Кидушин, 82, стр. 1)».

В продолжение говорится в Талмуде: «Сказал раби: "Никакое ремесло не уходит из мира (это значит, что во всём есть необходимость); счастлив тот, кто видит пользу в ремесле своих родителей, горе тому, кто видит вред в ремесле своих родителей".

Нельзя обойтись без благовоний и без выделки кож. Счастлив тот, чьё ремесло – благовония. Горе тому, чьё ремесло – выделка кож. Нельзя обойтись без мужчин и женщин. Счастлив тот, у кого мужское потомство, – горе тому, у кого женское потомство"».

Следует спросить:

1. Почему речь идёт сначала о родителях, потом о нём самом, а потом о его потомстве?

2. Что означает: «Счастлив тот, чьи родители...», – чему это должно научить нас? Ведь он не может исправить своих родителей. Выходит, что он сетует на прошлое. Но мудрецы учат нас, что исправлению подлежит только настоящее и будущее, но не прошлое.

Раби Негораи говорит: «Я отложил все ремёсла и обучаю моего сына одной лишь Торе, ибо все ремёсла мира служат ему в юности, а в старости он будет голодать. Но Тора не такова, она служит человеку в юности и даёт ему поддержку и надежду в старости».

Объясняет РАШИ: «Все ремёсла не вознаграждаются по истечении времени – награда за них даётся в своё время, но награда за Тору приходит в течение многих дней, и даже больной и старый, который не может изучать Тору сейчас, питается от прошлого (трактат Кидушин, 82, стр. 1)».

Следует спросить, какая награда есть у человека, изучающего Тору в юности и в старости, чтобы можно было сказать, что он может обеспечивать себя? Ещё труднее понять: из сказанного следует, что он применяет Тору не по назначению, вопреки словам мудрецов. И объясним сказанное на пути духовной работы, как мудрецы обучают нас идти путём духовной работы.

Прежде, чем мы разберём сказанное выше, нужно понять цель творения, ради которой создан человек. В святых книгах объясняется, что причина – насладить творения, как подобает Доброму творить добро.

И также выясняется в «Большом комментарии» (глава Берешит, 85): «Сказали ангелы Творцу: "Что есть человек, о котором вспоминаешь Ты, и сын человеческий, которым управляешь Ты? Откуда и почему эта беда? – Это подобно царю, у которого есть дворец, полный всех благ, но нет у него гостей, – и какая услада от этого царю?" – Сказали Ему: "Делай добро и благо, как видится Тебе"».

Отсюда следует, что причиной сотворения человека было то, что Творец хотел насладить творения, поэтому создал их. И об этом спрашивали (ангелы): если цель в том, чтобы насладить, почему творения испытывают беды и страдания и не удостаиваются получить благо и наслаждение, которое Творец хочет им дать?

Объясняет Книга Зоар: «Вкушающий хлеб милостыни стыдится смотреть в лицо благодетеля своего», то есть в каждом безвозмездном подарке есть примесь стыда.

И чтобы не было хлеба стыда, то есть, чтобы подарок Творца был в полном совершенстве, без недостатка, дал нам Творец место для работы, называемое работой выбора, с помощью чего человек может получить всё благо от Творца без всякого стыда.

Потому что когда человек соблюдает Тору и заповеди, и ещё не чувствует вкуса в работе, он должен выполнять всё по вере. Потому что когда управление миром происходит в скрытии, можно выполнять Тору и заповеди на основе веры.

И в такое время существует выбор, чтобы отстраниться от зла и выбрать добро. Так как тем, что человек осуществляет выбор, он может исправить себя, чтобы все его действия были не ради получения награды, а только с намерением ради отдачи.

Потому что в то время, когда не чувствуется вкус в работе, человек привыкает совершать действия даже без награды. А затем, когда он удостоится получить внутреннюю часть Торы и удостоится света наслаждения, и уже будет находиться в состоянии раскрытия лика, он сможет при этом получать наслаждения только в качестве заповеди.

То есть таково намерение Творца, – чтобы человек получал высшие наслаждения, так как это цель творения. Но не ради личной потребности, то есть он желает получать наслаждения не потому, что хочет наслаждаться сам, а с намерением ради отдачи. И в этом суть намерения (Творца) создать скрытие.

Поэтому во время скрытия есть место для работы, чтобы принять на себя трепет перед небесами «как бык под ярмо и осёл под поклажу», чтобы приучить себя работать на Творца не ради получения награды.

Из сказанного следует, что главное в данной нам работе – это вера, суть которой – в трепете перед небесами. Постижение трепета перед небесами – это великая вещь, как сказали мудрецы: «Разве трепет перед небесами – лёгкая вещь?» (трактат Брахот, 33 стр. 2).

Имеется в виду, что прежде нужно изучить, что такое трепет перед небесами, а затем есть работа по принятию на себя трепета перед небесами, как сказано: «Для Моше это лёгкая вещь». Имеется в виду, что для уровня, немного меньшего, чем ступень Моше – это великая вещь, вместе с тем мы не можем понять, как может быть, что трепет перед небесами – настолько великая вещь.

Но разве в ком-то нет трепета перед небесами? Ведь тот, кто молится только один раз в день и ест кошерную еду, о нём мы уже говорим, что в нём есть трепет перед небесами. Поэтому здесь нужно сказать, что мудрецы знали истинное значение трепета перед небесами, поэтому постановили и сказали, что это великая вещь.

Тем более нам следует в первую очередь изучить, что такое трепет перед небесами. И это настолько великая вещь, что сказали мудрецы: «"Послушаем всему заключение: пред Творцом трепещи и заповеди Его соблюдай, потому что в этом весь человек". Сказал раби Элазар: "Сказал Творец – весь мир создан лишь ради этого, и это равноценно всему миру, весь мир создан лишь для того, чтобы следовать этому"» (трактат Брахот, 6 стр. 2).

Отсюда следует, что вся наша жизнь зависит от веры Творцу, потому это называется «кли», с помощью которого можно обрести всё в этом мире. Нам дана работа в Торе и заповедях, и всё зависит от той веры, которую мы обретём.

Отсюда поймём сказанное мудрецами, и как объясняет РАШИ: «Творец вменил Аврааму в заслугу и праведность веру, которой поверил Ему». И следует понять, почему вера называется «праведность» и какая связь между праведностью и верой.

Как уже говорилось, если человек работает ради отдачи и не получает ради собственной выгоды, это подобно тому, кто даёт своему знакомому сто лир и не хочет получить от того ничего взамен ста лир. А если другой даёт сто лир и хочет получить за это костюм или платяной шкаф, то, разумеется, никто не скажет о том, кто даёт сто лир за костюм, что он большой благодетель и у него такое доброе сердце, раз он даёт продавцу сто лир. Причина этого в том, что он получает выгоду за усилие.

Но тот, кто даёт знакомому сто лир и не хочет ничего получить взамен этого, разумеется, имеет щедрое сердце и желает дать милостыню.

Поэтому тот, кто работает на основе веры, делает свою работу не ради получения награды. Иначе, если его позиция не основана на вере, считается, что он хочет получить оплату за усилие, потому что всегда стремится избавиться от веры, и хочет работать только на основе знания.

И такая работа на Творца в отдаче без всякой награды называется слиянием с Творцом. Это означает, что благодаря этому сливаемся с источником жизни. Как сказали мудрецы: «Сольёшься со свойствами Его: как Он милостив, так ты милостив» (трактат Шаббат, 133 стр. 2), то есть, подобно Творцу, отдающему нижним, человек также работает ради отдачи.

И когда человек уже пришёл к состоянию способности работы на Творца с таким намерением, он удостаивается получения духовных наслаждений, которые задуманы Творцом в Его намерении насладить творения.

Тогда подарок Творца будет совершенным, и в нём не будет изъяна, как в хлебе стыда. Как сказали мудрецы: «Раби Меир сказал: "Изучающий Тору лишма (то есть с намерением отдачи), удостаивается многих вещей"» (Пиркей авот, ч. 6).

А вера называется также заповедью. Есть понятие «Тора» и есть понятие «заповедь», как объяснил мой господин, отец и учитель (Бааль Сулам) о сказанном мудрецами: «Выполнил одну заповедь – благо ему, ибо склонил себя и весь мир на чашу заслуг» (трактат Кидушин, 40 стр. 2), а «одна заповедь» – это вера. Из сказанного следует, что вера, трепет перед небесами и «одна заповедь» – суть одно, но каждое из них являет разную форму.

Теперь мы сможем объяснить сказанное в Иерусалимском талмуде от имени раби Ишмаэля: «Выбери жизнь – это ремесло», – а то, что человек должен обучить своего сына ремеслу, имеется в виду – вере. И это называется ремеслом, потому что это требует многого изучения, как сказали мудрецы: «Разве трепет перед небесами – лёгкая вещь?»

А смысл понятия «вера» зависит от силы действий. Если же кто-то изучает науку: медицину, инженерное дело или астрономию – это называется наука, а не вера, потому что это относится к разуму, а не к чему-то другому.

Таким образом, поскольку суть веры в том, что она выше знания, в противоположность разуму, то есть говорить о вере можно именно там, где разум не способен постичь, и это лишь непроявленная сила, когда человек готов принять бремя небесной Малхут, «как бык под ярмо и осёл под поклажу».

С этим соотносится вопрос выбора в речении «выбери жизнь». И этому ремеслу обязан отец обучить своего сына, а если нет, то обязан учиться сам. Почему – «чтобы жил ты», как сказано, то есть Тору нельзя получить без веры.

Таким же образом следует объяснить то, что сказал раби Хизкия, что обязательство обучить своего сына следует из сказанного «увидишь жизнь с женой...», это означает, что нельзя удостоиться жизни без заповеди веры. Потому что именно с помощью веры он удостаивается слияния с источником жизни, и, разумеется, что есть у него жизнь при слиянии с источником жизни. Потому что Тора без веры не называется жизнью.

Поэтому сказано, что как обязан обучиться Торе, так обязан обучиться вере. Потому что когда Тора основана на вере, можно ощутить жизнь в ней и увидеть, что она «жизнь твоя и долгота дней твоих».

Из сказанного можем объяснить написанное в комментариях: «Каждый, кто владеет ремеслом – чему это подобно? – огороженному винограднику». И мы спрашивали, - что общего между оградой и ремеслом? Следует объяснить, что ремесло означает – вера, потому что имеющий веру подобен тому, у кого есть огороженный виноградник, а виноградник означает «виноградник Повелителя Воинств», то есть духовность человека.

Тогда, если у него есть вера, это подобно ограде, которая защищает от всего, что может навредить. А вещи, вредящие духовности человека, – это посторонние мысли, а также злые желания, что называется «зверь и животное входят внутрь него».

Потому что вера защищает его от всех трудностей, а также от всех дурных страстей, называемых «животное», и всех действий животного. А также злые звери, которые не от духовного, не могут войти, когда человек принял на себя бремя веры, «и не выйдут и не возвратятся внутрь него».

То есть те люди, которые нарушают заповеди и возвращаются к ответу, не могут затронуть человека, у которого есть вера, потому что не видят, что есть у него. Так как человек, который старается, чтобы его работа была в вере, работает в скромности, и его намерения не видны.

Потому что если человек работает «лишма», то можно увидеть его намерения. Так как он хочет награду за свои усилия. Если же его работа основана на вере, то его мысль скрыта и недоступна людям, и, разумеется, что внешние не могут вмешаться в его работу.

Таким же образом следует объяснить сказанное раби Иегуда: «Каждый, кто не обучает своего сына ремеслу, как будто обучает его разбою». Сказали мудрецы: «Каждый, кто наслаждается в этом мире без благословения, как будто обирает Творца и собрание Исраэля, как сказано: "Кто обирает отца своего и мать свою и говорит, что это не грех, тот товарищ губителю"».

Сказал раби Ханина сын раби Папа: «Он товарищ Иеровоаму, сыну Навата, который посеял раздор между миром и Отцом Небесным» (трактат Брахот, 35).

Следует понять, что общего между разбойником и Иеровоамом, сыном Навата, и почему тот, кто наслаждается без благословения, называется разбойником, и какая связь между разбойником и благословением.

Суть в том, что цель творения – насладить Его творения. И чтобы не было хлеба стыда, было создано место скрытия, чтобы человек мог получать наслаждения ради отдачи Творцу. И в таком случае не будет изъяна в подарке Творца, как сказали мудрецы: «Сильнее, чем телёнок хочет есть, корова хочет накормить» (трактат Псахим, 112, стр. 1).

И пока человек не способен получить, не приходит высший свет нижним. Поэтому у того, кто наслаждается в этом мире, должно быть намерение благословить Творца, то есть, чтобы не было намерения, что он хочет наслаждаться, а он лишь хочет благословить Творца.

Тогда Творец даёт высший свет собранию Исраэля, как сказали мудрецы: ««Выполнил одну заповедь – благо ему, ибо склонил себя и весь мир на чашу заслуг" (трактат Кидушин, 40 стр. 2). То есть, выполняя заповедь, он содействует тому, что Творец даёт свет собранию Исраэля».

Выходит, кто наслаждается в этом мире без благословения, у того нет намерения благословить Творца, поэтому Творец не даёт свет собранию Исраэля, потому что недостаёт ему намерения ради отдачи.

Выходит, что этот человек обирает Творца и собрание Исраэля тем, что не благословляет и хочет наслаждаться лишь ради себя, а не ради отдачи. Поэтому он становится товарищем губителю Иеровоаму, сыну Навата, который «посеял раздор между миром и Отцом Небесным».

И всё это потому, что недостаёт им веры в Творца. Поэтому сказал раби Иегуда: «Каждый, кто не обучает своего сына ремеслу, как будто обучает его разбою». Это означает, что как будто обучает его обирать Творца и собрание Исраэля. Поэтому есть большая обязанность изучать предмет веры, потому что только с её помощью можно достичь совершенства.

На основе сказанного мы можем выяснить определения, данные по теме изучения веры. Бар Капара говорит: «Всегда должен человек обучать своего сына ремеслу простому и чистому». И объясняет раби Иегуда, что это «как игла портного». А по объяснению РАШИ: «Игла, шьющая швы, когда шитьё делается шов за швом, строчка за строчкой, как борозда от плуга».

И мы видим, что шитьё объединяет две разные вещи в одну. Это означает, как говорилось, что человек должен достичь подобия с Творцом, как сказано, «и слиться с Ним». Объясняется, что это как борозда от плуга, переносящая прах, который был внизу, наверх; а то, что было вверху, перемещает вниз.

Так и в человеке есть два желания: доброе желание к отдаче и вере и злое желание, когда он хочет получать ради собственного наслаждения и не верить в Творца.

Когда человек рождается, доброе желание у него находится внизу по важности, и он не хочет использовать его, потому что ему отвратительно использовать такое желание.

При этом злое желание находится вверху по важности, и как только у него есть возможность его использовать, оно поднимается вверх. То есть, когда он может наполнить своё злое желание, это наивысшее состояние для него, поскольку всё его устремление – наполнять своё зло.

Поэтому человек, желающий слиться со своим Господином, нуждается в уподоблении свойств, как сказали мудрецы: «Сольёшься со свойствами Его, как Он милостив, так ты милостив» (трактат Шаббат, 133 стр. 2). То есть, как Творец хочет лишь отдавать нижним, так и человек должен стремиться, чтобы все его желания были лишь к отдаче Творцу, и не желать получать ради собственной выгоды. В этом состоит работа по уподоблению свойств.

Поэтому человек должен перевернуть свои свойства, подобно плугу; то, что раньше было вверху, злое желание, – сейчас будет внизу, чтобы ощутил, что когда он собирается использовать свое злое желание, это вызывает у него отвращение и презрение.

А хорошее желание, которое прежде было раньше внизу по важности, будет сейчас в состоянии подъёма. И всякий раз, когда у него есть возможность действовать ради отдачи, такое состояние будет ощущаться им, как подъём, потому что через него они приходит к слиянию с Творцом.

И это происходит лишь благодаря вере. Поэтому вера называется ремеслом лёгким и чистым. «Чистое» – потому что там не должно быть никакой примеси самонаслаждения, а только ради отдачи. Потому что когда человек верит в величие Творца, то у человека нет иного желания и стремления, кроме как быть в слиянии с Творцом днём и ночью, поэтому называется «чистое», что означает – ради отдачи.

Но до того, как человек удостоился того, что его тело согласно работать в вере, он считает эту работу презренной, потому что не видит, что кто-то уважает его, когда он работает ради отдачи.

Потому что тогда он должен стараться, чтобы его работа была в скромности, потому что иначе невозможно сохранить чистоту в работе. Потому что когда он работает с воодушевлением, то, разумеется, его будут хвалить за его действия, и здесь непременно вмешается тщеславие, чтобы другие люди уважали его.

Поэтому когда он хочет, чтобы не было вмешательства, он должен работать в скромности, и, разумеется, что тогда он не будет получать почести, поэтому чистая работа презираема им. А «лёгкая» – от слова «презренный» («кала» – «никле» – общий корень куф-ламед-хей).

Поэтому чистая работа презираема, потому что вера выше разума нетерпима человеку, потому что по природе вещей человек считается с тем, что постигает разумом, к чему знание обязывает его.

Поэтому действовать против разума презренно человеку, потому что это называется «глупец», как говорят мудрецы о сказанном в Писании: «Кто глуп – пусть свернёт сюда». Это Моше, имеется в виду свойство веры, потому что Моше называется верным поводырём, обладателем веры, и он привнёс веру в общество Исраэля.

Таким образом, следует объяснить сказанное раби: «Никакое ремесло не уходит из мира», и, как объяснил РАШИ, – ни отвратительное, ни чистое. По мнению раби, весь мир не может выполнять чистую работу, и это означает, что именно тот человек, у которого есть склонность к истинной работе, способен выполнять истинную работу, то есть, чтобы там не было никакой примеси «ло лишма».

В то же время у большинства населяющих мир все мысли основаны на разумении мира. И у них нет знания и большого желания приложить волю и силу ради того, что они хотят, так как работают в подчинении всему обществу, и к чему общество обязывает, то они и делают. И нет у них свободы делать в мире то, что они понимают и хотят, и они зависимы от общественного мнения.

Поэтому, когда дают заповедь массам, должна быть уверенность, что массы могут её выполнять.

Поэтому сказал раби: «Никакое ремесло не уходит из мира». Главное, чтобы человек принял на себя ярмо небесной Малхут, как чистое, то есть всецело ради отдачи, так и отвратительное, то есть с примесью не ради отдачи. Так как в каждом ремесле есть потребность: от «ло лишма» приходят к «лишма».

Как сказали мудрецы: «Тысяча человек входит в Писание, ... один из них выходит к свету» (букв. «к преподаванию», Мидраш "Ваикра раба", 82:1); то есть, благодаря тому, что тысяча входит, становится возможным, что один выходит к свету. Поэтому сказал раби: «Никакое ремесло не уходит из мира».

Но «счастлив тот, кто видит пользу в ремесле своих родителей». «Родители» означает мысль, потому что в каждом действии должна быть мысль и побуждение, чтобы это было причиной, обязывающей его совершить это действие. Поэтому «родители» – это мысль, побуждающая его соблюдать Тору и заповеди.

Полезное ремесло означает, что оно помогает привести человека к цели, ради которой он создан – чтобы соблюдал Тору и заповеди ради отдачи, и благодаря этому удостоится получить благо и наслаждение, которое Творец замыслил дать.

И тогда у него будет ощущение счастья, обретённое усилием в Торе и заповедях. Если же у него нет мысли об отдаче, он не сможет достичь цели, следовательно, его ремесло приносит вред.

Поэтому сказал раби: «Горе тому, кто видит вред в ремесле своих родителей». Потому что в его вере есть примесь «ло лишма», и это вредное ремесло, как следует из вышесказанного. Поэтому нужно стараться, чтобы его «родители», то есть причина, была ради отдачи.

Отсюда будут понятны слова мудрецов: «Счастлив тот, кто видит пользу в ремесле своих родителей». И мы спрашивали - ведь он не может сам это исправить, если он родился у таких родителей, то, что он может сделать? Из сказанного следует, что лучше всего, чтобы его намерение было о себе самом, и он должен стараться, чтобы его мыслью и побуждением была Тора и заповеди с намерением ради отдачи.

Об этом говорится в Книге Зоар в главе Шемот: «Мир существует благодаря аромату». На этом основано объяснение: «Нельзя обойтись без благовоний и без выделки кож».

Благовония источают аромат, который несёт наслаждение, поднимаясь снизу вверх. Здесь содержится намёк на то, что его работа будет с намерением отдавать наслаждение вверх; человек находится внизу, а Творец вверху. Выходит, что человек посылает все его наслаждения Творцу, который наверху.

Выделка кож производит большое зловоние. Это означает, что когда он видит, что от его работы не будет «ло лишма», и он должен выполнять работу лишь ради отдачи, то такая работа источает зловоние в его глазах.

И там, где должно быть наслаждение, когда он видит, что у него сейчас есть возможность работать ради отдачи, – но он не способен на это, поэтому находится в состоянии, когда не видит награды за свою работу, – он чувствует на себе тяжесть и лень, и унижение, и гнев, и огорчение.

Поэтому в силу того, что его работа не имеет намерения ради отдачи, ему недостаёт радости и благосердечности от того, что сейчас он доставляет наслаждение Творцу.

Вместе с тем «нельзя обойтись без выделки кож». Это означает, что человек должен достичь состояния, которое будет переходом к лишма от ло лишма, но горе тому, кто останется в этом промежуточном состоянии и не продолжит идти к цели, желая наслаждать Творца.

И объясняет далее, и говорит: «Счастлив тот, у кого мужское потомство, – горе тому, у кого женское потомство». И вот известный вопрос: что означает «женское потомство»?

Следует сказать, что из святых книг известно, что дающий называется «мужчина» («захар»), а получающий и носитель хисарона называется «женщина» («некева»). И об этом сказано: «нельзя обойтись без мужчин и женщин», то есть, в мире должно быть состояние ло лишма, означающее склонность к самонаслаждению, иначе невозможно начать работать в Торе и заповедях.

Иногда бывает, что начальной причиной было лишма, но во время действия он стал размышлять о возвращении к ответу и выполнил заповедь ради отдачи; это значит, что его намерение – доставить наслаждение Творцу. И это называется «мужское потомство». Поэтому он говорит: «Горе тому, у кого женское потомство». Это означает, что он совершает действия с намерением получить награду, и это называется «женское потомство».

Раби Негораи говорит: «Я отложил все ремёсла и обучаю моего сына одной лишь Торе». Здесь он говорит не о массах и их поведении, а о своём духовном уровне, о том, что он уже удостоился видеть небеса постоянно.

Поэтому он говорит, что откладывает все ремёсла, то есть он откладывает веру с изъяном и лучшую веру, потому что он уже прошёл через два вида веры, и теперь он своего сына, то есть свои действия, которые называются «сын», обучает Торе.

И объясняет смысл, что «все ремёсла мира служат ему в юности». Объясняет РАШИ: «Все ремёсла не вознаграждаются по истечению времени, награда за них даётся в своё время».

Вера называется заповедью; принятие бремени небесной Малхут – это заповедь. И сказали мудрецы: «Заповедь защищает и спасает, когда выполняют её. Тора защищает и спасает как тогда, когда занимаются ею, так и тогда, когда не занимаются ею» (трактат Сота, 21, стр. 2).

Таково различие между Торой и заповедью: мы видим в Торе, что те вещи, которые человек учил вчера или ранее, он может вспомнить и пользоваться ими, или вернуться к тому, что изучал, и знать, как поступать на основе того, что давно изучал.

Однако вера, которая есть заповедь, относится только ко времени, когда занимаются ею, потому что каждый раз, когда человек принимает на себя бремя небесной Малхут, – это заповедь, а заповедь – это действие. И к этому не имеет отношения память, как в Торе, а каждое действие совершается по отдельности.

Поэтому в момент совершения она защищает и спасает, и неверно говорить, что он помнит, что принял на себя бремя небесной Малхут некоторое время назад, потому что это не помогло бы ему. Вера нужна ему в каждый момент времени, и неверно говорить, что сейчас он не нуждается в бремени веры.

Поэтому каждое принятие (бремени) – это новая заповедь, поэтому называется верой и состоянием юности и старости. Потому что «старым» можно назвать то, что было какое-то время назад. Но бремя веры нужно всегда обновлять, поэтому оно не может быть старым и всегда называется «юноша».

Поэтому сказано: «я отложил (все ремёсла)...», потому что ремёсла служат ему в юности, потому что вера защищает и спасает, лишь когда с ней работают. И как объяснил РАШИ: «Все ремёсла не вознаграждаются по истечению времени, награда за них даётся в своё время», – имеется в виду, что ремесло защищает и спасает, лишь когда с ним работают.

Но Тора не такова, она служит человеку в юности и даёт ему поддержку и надежду в старости, как объяснил РАШИ: «Награда за Тору приходит в течение многих дней, и даже больной и старый, который не может изучать Тору сейчас, питается от прошлого».

То есть, Тора защищает и спасает даже тогда, когда не занимаются ею. Поэтому он объясняет, что (Тора) служит ему в юности, то есть когда он занимается ею, и даёт ему поддержку и надежду в старости, то есть даже тогда, когда он не занимается ею.

И даже больной и старый, который не может заниматься ею сейчас, питается от прошлого, – это означает, что (Тора) защищает даже тогда, когда не занимаются ею. Поэтому говорит раби Негораи, что он сам делает так, поскольку уже принял для себя веру на постоянной основе.

Поэтому он говорит: «Я отложил (все ремёсла)...», – поскольку уже удостоился этого уровня на постоянной основе, в отличие от других людей.

«Сказал раби Элазар: "В будущем все умельцы ремёсел будут стоять на земле, и сойдут со своих кораблей все гребцы и мореплаватели, и встанут на землю". И сказал раби Элазар: "Нет ремесла более незначительного, чем на земле, как сказано – "и сойдут""» (трактат Ибамот, 63).

Следует спросить, если работа на земле это незначительное ремесло, почему раби Элазар сказал «в будущем...», то есть в будущем у них будет хорошее ремесло, при этом считается, что оно будет незначительным?

Следует объяснить, что заповедь считается лёгкой, или незначительной, когда человек выполняет работу верой выше знания, и она не имеет для него важности, поэтому ему тяжело работать. Но в будущем он удостоится лёгкой веры.

Установили мудрецы не принимать геров (прозелитов) в дни Машиаха так же, как не принимали их в дни Давида и Шломо. Сказал раби Элазар: «На чём это основано? Прозелит (желающий стать гером) "приходит без Меня" (во время разделения, то есть в этом мире). Живущий среди тебя примкнёт к тебе (кто живёт с тобой в бедности, перейдёт с тобой в будущий мир) (Иешаягу, 54), а иной – нет» (трактат Ибамот, 24 стр. 2).

И добавляют комментаторы в Тосфот: «Не принимали геров во времена Давида... ни "приходящих без Меня", ни из дома фараона; а в дни Шломо было не трудно (стать гером), но принимались посылаемые ангелами, а остальные – нет».

А жители Гивона сами стали прозелитами, как во времена Эстер «многие народы земли стали иудеями», и оттуда пришла слава... Разумеется, слава была ради небес, и приходящий прозелит изучал (Тору) также ради небес.

Из всего вышесказанного следует, что тот, кто желает стать гером ради хорошей награды, которая есть у народа Исраэля, того не принимают. И это означает, что не принимают геров в дни Машиаха. Но они должны стать герами ради небес, а не ради награды.

Это означает, что тот, кто желает стать иудеем и обратить в иудейство чуждую часть в человеке, он не может стать иудеем и слиться с народом Исраэля, кроме как тогда, когда у него нет намерения на хорошее вознаграждение, которое называется «дни Машиаха». Как сказано – «кто живёт с тобой в бедности». Как сказали мудрецы: «Сказал раби Йонатан: "Каждый, кто соблюдает Тору в бедности, будет соблюдать её в богатстве"» (трактат Авот, 84).

Это означает – бедный знанием, и вместе с тем соблюдает Тору, то есть в будущем будет соблюдать её в богатстве, то есть удостоится знать. А каждый, кто отвергает Тору в богатстве, отвергнет её в бедности, то есть знание Торы покинет его.

Сказано в трактате Ибамот, п. 63: «Сказал раби Элазар: "Каждый человек, у которого нет земли, – не человек, как сказано: "небеса – Творцу, а земля дана сынам человеческим""». Следует спросить – поэтому каждый человек должен стараться владеть землёй?

И ещё более добавляет РАШБИ и говорит, что могилы идолопоклонников не являются источниками нечистоты, как сказано: «И вы – агнцы Мои, агнцы паствы Моей, вы – человек»: «вы называетесь человеком, а не идолопоклонники называются человеком» (трактат Ибамот, 61, стр. 1).

Отсюда следует, что именно человек Исраэля называется человеком. Но как можно сказать, что если у него нет земли, то он не входит в число тех, кто называется человеком?

Тора называется «небеса», потому что Тора дана Моше с небес, Моше получил Тору с горы Синай. А земля называется Малхут – это свойство веры, трепет перед небесами. Как сказали мудрецы: «Всё в руках небес, кроме трепета перед небесами» (трактат Брахот, 33 стр. 2).

Это означает, что тот, у кого нет веры, которая есть трепет перед небесами, называемый «земля», не относится к тем, о ком сказано «вы называетесь человеком».

Сказано в трактате Ибамот, 63: «Нет ремесла более незначительного, чем на земле, как сказано – "и сойдут"». Сказал раби Ами: «Дожди проливаются лишь ради тех, у кого есть вера, как сказано: "правда из земли произрастает, справедливость с небес является"». Объясняет РАШИ, «когда правда произрастёт из земли, что означает сомнение в вере, тогда справедливость явится с небес, что означает – дожди. И это милостыня».

Следует понять, почему именно тогда, когда нет уверенности в вере, тогда дают милостыню с небес. А вера означает «земля», которая – суть желание (эрец – рацон, общий корень алеф-рейш-цадик), которое – суть сердце, в котором идёт работа в вере, которая называется милостыней, как сказано: «и уверовал в Творца, и Он вменил ему это в праведность».

Соответственно этому с небес приходит милостыня, которая – суть вера. И это молитва о дожде, чтобы пробудить веру.

«И исполнит Он его духом боязни Творца: и не по взгляду глаз своих будет он судить, и не по слуху ушей своих будет он решать». Это означает, что царь Машиах, – кто хочет идти по пути и удостоиться цели, называемой Машиах, – не будет ни о чём судить по взгляду глаз своих, или по слуху ушей своих, а лишь по духу трепета перед небесами, что означает – вера. По этой линии он должен определять весь свой путь.

Как сказано: «И тогда справедливость будет препоясаньем чресл его, и вера – поясом на бедрах его». То есть его вера должна строиться на справедливости, которая называется милостыней, не ради получения награды. И это будет ему основой, чтобы смог идти в работе Творца. Потому что препоясаны чресла его, чтобы мог идти. И не оступится на пути своём, то есть не ощутит усталости в пути.

160. Весь народ стоит перед тобой

«И весь народ стоит перед тобой с утра до вечера».

«Ибо сказано так о каждом судье, который вершит суд истинный даже один час: достигает он высот, как будто изучал Тору весь день, и как будто становится партнёром Творца в действии созидания, и о нём сказано «и был вечер». Сказал РАШИ: «Можешь ли ты представить себе, что Моше сидит и вершит суд целый день? А Тора его когда вершится? На это скажу тебе, что каждый судья, который вершит суд истинный…» (Талмуд, Шаббат, 10).

Сказано в трактате Санедрин (7, стр. 2): «Сказал раби Шмуэль бар-Нахмани, сказал раби Йонатан: "Каждый судья, который вершит суд истинный, возводит Шхину в Исраэль, как сказано: "Творец судит в общине Своей, среди судей судит Творец". А каждый судья, который не вершит суд истинный, прогоняет Шхину от Исраэля, как сказано: "От ограбления бедных, от стенания нищих восстану Я"", – говорит Творец».

Сказано в трактате Бава Батра: «И мудрые воссияют подобно сиянию небес». Это судья, который вершит суд истинный, и габай цдака (ответственный за сбор пожертвований). Объясняет РАШИ: «габай цдака» – понимающий бедного.

Сказано в трактате Мегила: «Сказал раби Элазар, сказал раби Ханина: «Будет Творец венцом на голове каждого праведника, как сказано: "В тот день повелитель воинств будет венцом красоты…"»

Что означает «венец красоты и корона славы» выполняющим указания Его и уповающим на славу Его, Всемогущего? Следует сказать «остатку народа Его» – тому, кто причисляет себя к остатку и «духу суда»; кто судит своё злое начало (объясняет РАШИ: «принуждает вернуться к ответу»), и «сидящий в судилище» – это тот, кто вершит суд истинный, «и силою…» – это тот, кто преодолевает своё злое начало (объясняет РАШИ: «не следует за ним к совершению греха»).

Мы видим четыре определения судьи, вершащего суд истинный:

1. В трактате Шаббат он как будто становится партнёром Творца в действии созидания.

2. В трактате Санедрин он возводит Шхину в Исраэль.

3. В трактате Бава Батра он один из мудрых, которые воссияют подобно сиянию небес.

4. Он удостоится, как сказано: «будет Творец венцом на голове каждого праведника».

Следует понять всё вышесказанное в значении духовной работы. «Вершит суд истинный» – следует понимать, что в именно означает «истинный»; и то, что есть два вида истины; и что означает не истинный (суд).

И чтобы понять это, приведём сказанное мудрецами: «Сказали наши учителя, да увидит себя человек всегда наполовину виновным и наполовину оправданным; выполнил одну заповедь – счастлив, что поместил себя на чашу заслуг, совершил один грех – горе ему, что поместил себя на чашу вины, как сказано: "один грешник погубит много добра", и один согрешивший грешник сам теряет много добра» (Талмуд, Кидушин, п. 40 стр. 2).

Следует спросить, если человек знает, что у него мало заслуг и много грехов, как можно сказать, что он наполовину виновен и наполовину оправдан, ведь он сам знает, что это неправда. И вообще, как можно говорить ложь, ведь если «показание одной из сторон в суде равнозначно ста свидетельствам посторонних», то почему сказано, чтобы видел себя наполовину виновным и наполовину оправданным?

В трактате «Сукка» (п. 52, стр. 1) сказано: «В будущем возьмёт Творец злое начало и заколет его на глазах праведников и грешников. Праведникам оно покажется высокой горой, а грешникам оно покажется тонким волосом».

И следует понять, что истинно, – то, что оно как тонкий волос, или как высокая гора? Талмуд приводит пример раби Абае: «Пришёл один старец и сказал ему: "Чем более велик человек, тем больше его злое начало"».

Следует спросить, почему мудрецы говорят, что «заповедь идёт за заповедью» (и объясняет наш учитель Овадья из Бертиноро, что выполнившему одну заповедь легко выполнять другие), а здесь он говорит, что чем более велик человек (разумеется, что величие его – в заповедях), тем больше его злое начало. Если его злое начало настолько велико, то ему должно быть тяжелее выполнять заповеди. Тогда почему сказано: «заповедь идёт за заповедью»?

Известно, что нам дана заповедь выбора, и с помощью выбора мы можем получить благо, которое Творец заготовил для творений, и это цель творения – насладить Его творения. И чтобы не было хлеба стыда, нам дан выбор на время скрытия.

А выбор возможен только тогда, когда зло и добро равнозначны. Тогда человек способен определить выбор своими силами.

Об этом пишет РАМБАМ: «Вот главное и великое, столп Торы и заповедей, как сказано: "Смотри, я даю тебе сегодня…". Это означает, что власть в ваших руках, дабы пожелал человек совершать деяния человеческие. Не принуждает Творец людей, и не указывает им совершать добро или зло, а всё отдаёт им» (Алахот тшува, 5 ч.). Всё это сказано о том времени, когда зло не сильнее, чем добро.

Теперь объясним сказанное «да увидит себя человек всегда наполовину виновным и наполовину оправданным». Здесь не имеется в виду, как человек предстанет перед высшим судом, там у него будет другой расчёт. То есть, когда захотят судить его, какая награда и какое наказание ему полагается, будут судить по грехам и заповедям, которые он сделал.

А здесь, в этом мире, когда говорят, чтобы видел себя наполовину виновным и наполовину оправданным, имеется в виду поведение человека в этом мире, так как человек может сказать, что из-за его многочисленных грехов его зло больше, чем добро, и он уже не может определить выбор в пользу добра, потому что зло уже склонило добро на сторону зла.

И следует сказать ему, что в духовной работе истина не такова, какой он её видит, хотя у него действительно много грехов; но главная истина проявляется в том, что касается выбора, и здесь у его зла не больше сил, чем у добра. То есть, если его добро очень мало, то и у зла сил не больше, чем у добра, потому что силы должны быть равны, иначе не будет выбора. Поэтому не дают его злу больше сил, чем добру.

Это объясняет смысл – «каждый судья, который вершит суд истинный...». Потому что «судья» в духовной работе находится в каждом отдельном человеке из Исраэля, как объясняется («бедствия приходят в мир для судей Исраэля»).

Когда человеку нужно совершить какое-то действие, например, ему нужно сделать крупное пожертвование в какую-нибудь организацию, то у него есть два мнения.

Одна сторона утверждает, что существование этой организации необходимо, потому что многие люди пользуются ею, а сейчас эта организация нуждается в большой поддержке, без которой она может прекратить существование, и после стольких потраченных на неё усилий и средств может погибнуть.

Вторая сторона утверждает, что он очень занят своими делами, и если он начнёт тратить силы на пользу этой организации, то его дела пострадают.

И скольких усилий ему стоило занять положение, в котором находится сейчас, и сколько крови и пота он потерял, когда должен был унижать себя и унижаться перед друзьями и близкими, помогавшими ему, и наконец-то теперь он добился успеха и считается одним из уважаемых людей в городе. А если он оставит свои дела, то кто знает, в каком положении он может оказаться.

И если он не решил стать одним из руководителей организации, а лишь сделает крупное пожертвование, то есть будет участвовать лишь денежным взносом, и не будет участвовать в качестве активного члена организации, то как он может отдать такую крупную сумму?

И если он потратит такую сумму, то ему не хватит на нужды его хозяйства, ведь всегда следует вносить деньги, а не тратить, а как известно, за наличные деньги можно купить товар дешевле. А также если он закажет товар на каком-то предприятии и заплатит наличными, то заказ придёт раньше. Поэтому ему нельзя участвовать в денежных взносах.

И сейчас он должен рассудить, потому что сейчас он стал судьёй для обеих сторон и ему нужно сказать, на чьей стороне правда и справедливость. И разумеется, что решить трудно, потому что есть соображения в пользу обеих сторон, и кажется, что обе правы. Поэтому нужно вершить суд истинный, то есть, смотреть на внутреннюю суть вещей, стоит ли отменить личный интерес ради общественного.

А решение может быть тогда, когда обе силы равны, это означает, что нет стороны, у которой стремление к существованию сильнее, чем у другой, и тогда можно сказать, что он должен решить, кому выгоднее помогать. Если же одна сторона слабее, то понятно без рассуждений, что помогать нужно тому, кто более нуждается в помощи.

Также и здесь, когда человеку нужно преодолеть своё злое начало, и он видит, что у него много грехов и мало заповедей, то он думает, что поскольку у него много грехов и мало заслуг, то получается, что у зла есть больше сил для власти над ним, потому что большинство сильнее.

Поэтому он не должен прилагать никаких усилий, чтобы преодолеть зло; выходит, что его работа будет лишней.

Поэтому сказали мудрецы, хотя он и видит истину в том, что зло больше, а добро меньше – по причине совершённых им действий, из них злых действий больше, чем добрых.

Но по правде говоря, то есть, глядя во внутреннюю суть вещей, мудрецы свидетельствуют, что свыше дают злу столько же сил, сколько и добру, потому что должно быть равновесие, чтобы человек смог перевесить одну из чаш весов.

Поэтому за то, что он совершил много злых деяний, его будут судить в будущем мире. То есть, когда хотят наказать его за деяния, считают их количество.

Если же человек хочет идти путём Творца в этом мире, у него есть выбор, то есть Творец не даёт злу больше сил, чем добру. Поэтому (добро и зло) всегда находятся в состоянии «половина наполовину».

Отсюда поймём сказанное мудрецами: «В будущем возьмёт Творец злое начало и заколет его на глазах праведников и грешников. Праведникам оно покажется высокой горой, а грешникам оно покажется тонким волосом».

И мы спрашивали, какова истинная форма. И в соответствии со сказанным выше, ясен простой смысл, что Творец не дал злу больше сил, чем добру. Выходит, что праведники имеют много заслуг, и для того, чтобы было равновесие, их зло, то есть злое начало, должно соответствовать мере добра. Поэтому сказано, что «(зло) кажется им, как высокая гора».

При этом грешники, у которых зло лишь как «тонкий волос», имеют злое начало не больше «тонкого волоса».

Отсюда также поймём то, что сказал старец раби Абае: «Чем более велик человек, тем больше его злое начало». И мы спрашивали: поскольку у нас есть правило «заповедь ведёт к заповеди», значит если кто-то стал великим, то разумеется благодаря выполнению заповедей; тогда почему в нём умножилось зло? И в соответствии со сказанным, добро также должно было увеличиться.

Но поскольку должен быть выбор, и если зло не будет расти вместе с добром, с которым он сейчас работает, то разумеется добро определит, что человек будет совершать лишь добро. И тогда у него не будет выбора в работе, а всё величие человека выражается в том, что он обладает силой совершить выбор.

Об этом сказано: по труду и награда. А усилие может быть только во время выбора. Поэтому необходимо каждый раз добавлять ему больше зла, чтобы он смог принять решение.

Отсюда поймём сказанное мудрецами: «Каждый судья, который вершит суд истинный, как будто становится партнёром Творца в действии созидания, как сказано в Книге Зоар: "И сказать Циону: "Ты народ Мой!"» (Исайа, 51:16); не читай «ты народ Мой», а читай «с кем ты?» – кто партнёр твой? Как создал Я небо и землю словом Моим, как сказано: «"Словом Творца созданы небеса". Так и ты, словом мудрости твоей создал новые небеса и землю, счастливы усердствующие в Торе» (Мидраш Берешит, 5 стр. 2).

Смысл сказанного в том, что, когда человек вершит суд истинный, он может сделать выбор в пользу добра, и тогда он удостаивается получить благо и наслаждение, которое Творец уготовил творениям, и это причина сотворения мира. Выходит, что человек становится партнёром Творца в том, что Творец хочет дать, а творения способны получить, и благодаря этому становятся партнёрами.

Если же они не будут вершить суд истинный, то они не смогут исправить свои действия, а значит, и не смогут получит благо. которым Творец хочет насладить творения. И поэтому высший свет остаётся наверху, и не раскрывается нижним имя Доброго, Творящего добро, и тогда творение не придёт к конечной цели.

Если же творения способны получить совершенство блага, то творение приходит к своему совершенству. Выходит, что человек становится партнёром Творца, тем, что получает то, что Творец хочет дать.

Отсюда поймём сказанное мудрецами: «Каждый судья, который вершит суд истинный, возводит Шхину в Исраэль». И выясняется, что исправляя этим свои действия, он способствует пребыванию Шхины в Исраэле. Как сказано: «Выполнил одну заповедь – счастлив, что поместил себя на чашу заслуг». Потому что он способствует своими действиями раскрытию высшего света нижним.

Отсюда также выясняется сказанное: «Каждый судья, который вершит суд... воссияют подобно сиянию небес». То есть, посредством исправления своих действий удостаиваются проявления высшего света, и это воссияет на них, подобно сиянию небес.

И также он удостоится того, что Творец будет «короной на голове каждого праведника», потому что каждый, кто склоняет к добру, удостоится высшего совершенства, которым наделит его Творец, и увидит (человек), что Он покрывает и окружает, и защищает его.

Известно, что Творец хочет дать творениям все блага, но мы не способны их получить. Потому что желание Творца таково, чтобы в его даре не было никакого недостатка, поэтому Он хочет, чтобы мы получили только посредством нашей работы.

Если же мы не сделаем много заслуг, нам будет трудно поместить выбор на чашу добра, потому что зло будет в самой большой мере. Поэтому Творец создал исправление, чтобы всегда зло и добро были равны.

161. Пробуждение свыше

У каждого религиозного человека есть период или мгновение в его жизни, когда даётся ему некое пробуждение свыше, чтобы почувствовал он жизненность в том, что он в единении с Творцом. Ведь обычно человек находится в таких состояниях, когда нет в нём никакой тяги к духовному, а иногда и вовсе забывает о том, что есть святость в мире, а то, что помнит, так это только благодаря воспитанию, ставшему привычкой. Например, бывает иногда так, что человек читает благословение после еды и не чувствует даже, к кому он обращается и что говорит. И то, что сказал благословение – это всего лишь дело привычки.

Но вместе с тем бывает в жизни и так, что человек действительно чувствует проявление святости, пусть может и ненадолго. Скажем, например, всего на минуту вкусил он духовное, ощущая, что это – пробуждение свыше. И после этого есть уже у него возможность пробудить воспоминание из того, что было уже у него ощущение духовного подъёма.

Итак, получается, что у каждого человека есть внутри свойство запечатлевать, и воспоминания эти оживляют сердце. И с их помощью человек может сделать движение навстречу – пробуждение снизу.

162. Любовь к ближнему

Смотрю я на крохотную точку, которая зовётся любовью к ближнему, и размышляю над ней: что же могу я сделать для того, чтобы насладить остальных? И когда смотрю я на всех вместе, то вижу муки, болезни, боли, страдания каждого члена общества и глобальные войны среди народов. Но кроме молитвы мне им нечего дать. И это состояние называется «страданием, горем общества».

163. Нюансы работы

Левая линия называется оттенком красного, свечением Хохмы, со ступени ГАР Хохмы. Это красное окружено чёрной линией, суть которой масах дэ Хирик, который уменьшается от ступени ГАР.

«Чёрное в чёрном» – из-за применения дополнительной меры правосудия, накатывания морских вод. Согласно написанному «возвысятся небеса, упадут глубины», это красное обрело форму чёрного. Выясняется, что страдающий человек обретает форму чёрного, являющейся двойной мерой правосудия.

Ставшая чёрной, но всё ещё не являющейся полноценной малхут, подслащается красным от бины.

164. О чём просить у Творца для служения Ему

Когда человек видит помехи в духовной работе, и он хочет молиться Творцу, чтобы дал ему силы работать над собой, о чём он должен просить Творца?

Есть две возможности:
- просить Создателя убрать от него эти помехи, тогда не потребуется человеку прилагать слишком больших усилий, чтобы идти дорогой Творца;
- просить Создателя ощутить больший вкус в Торе, в молитве и в добрых делах, благодаря чему никакие препятствия не смогут задержать его. Ведь когда жизненно важны человеку Тора и заповеди, нет места помехам и не властны они над человеком.

Как, например, не может человек сказать, что из-за того, что есть у него множество препятствий, поэтому не может он спасти себя. Как нет оправдания в утверждении, что из-за помех, создаваемых родственниками или окружением, человек бессилен спасти свою жизнь.

А несомненно, за своё спасение он отдаст всё, что у него есть, и любые препятствия потеряют в его глазах свою силу и значимость. Поэтому он просит у Творца, чтобы дал ему ощутить вкус жизни в Торе и заповедях – ведь когда речь идёт о жизни, не сможет человек сказать, что есть у него помехи, так как жизнь настолько дорога человеку, что он не обращает внимание ни на какие препятствия.

165. Есть понятие охраны

В Древе Познания есть понятие охраны, то есть человек должен охранять себя от чуждых мыслей. Поскольку Древо Познания называется Добро и Зло, то нужно охранять себя от Зла которое в нём. Поскольку Древо Познания называется малхут меры правосудия, которая называется получение ради получения, а все исправления – чтобы стать ради отдачи. А до тех пор она находится в состоянии ради получения, то есть когда возможно исправление чтобы можно было использовать келим получения.

166. Какое возвращение полезно

Возвращение (тшува) полезно только для малхут подслащенной биной, в состоянии катнут. А в состоянии гадлут АХАП возвращаются на свою ступень. И когда они возвращаются, то есть когда можно их использовать ради отдачи, это (состояние) называется что возвращение полезно.

Но не так для АХАП, которые относятся к ступени ГАР, который не может светить, кроме как посредством исправления малхут в её месте. А поскольку малхут скрыта в РАДЛА, то здесь не помогает возвращение, то есть не может вернуть АХАП на свою ступень до конечного исправления.

167. Взыскивает с себя и благословляет

Обязательное благословение означает, что тело обязывает его (человека) благословлять. То есть тело, которое Творец создал с такой природой, что если получает от кого-то что-то хорошее, оно благословляет его. И это называется благословением пищи согласно Торе. И это не заповедь, то есть тело не обязывает его благословлять, поскольку он чувствует, что не хватает еще кое-чего, что другие могли бы дать ему и не дали.

И тогда тело говорит, что всё ещё недовольно им, что не может сказать, что он добрый и творящий добро, ведь ему всё еще чего-то не хватает, так почему он не дает ему? И тем не менее, он взыскивает с себя и благословляет. Выходит, что ему не заповедовали, а он выполняет.

168. Благословен человек, полагающийся на Творца

Это значит, благословен человек в сердце которого Творец поместил уверенность, чтоб была у него уверенность. Потому что для меры уверенности нужно чтобы уверенность дал Творец. Однако нужно чтобы были свет и сосуд (кли). Поэтому когда человек работает и хочет достичь уверенности в Творце, (именно) за счёт этого Творец даёт ему её в подарок.

169. О посохе

Рукоять посоха велел Творец привязать к подножиям посоха.

Посох («матэ») называется низом («мата») по важности, и это вера. Как сказали мудрецы, когда увидели, что ангелы несут посох Моше, сделали круг, что означает, что свойство веры Моше было у них принижено.

Подножия посоха – это то, на что опирается посох. Как стол опирается на подножия, так и посох опирается на подножия.

Подножия (ноги) -это свойство соглядатаев (реглаим-мераглим, общий корень рейш-гимел-ламед), которые хотят видеть выгоду в работе ради отдачи. И разум говорит ему, что выгоды нет. И тогда появляется место для веры выше знания.

Это означает, что «посох опирается на подножия и к ним привязана жертва», то есть, чтобы приблизились к Творцу через рукоять посоха, когда берут посох, – то, что ниже по важности, называемое «знание».

И это было десятого числа десятого месяца, называемого малхут, то есть приняли на себя малхут небес десятого числа месяца, и это было пробуждение снизу. И благодаря этому удостоились света веры – пробуждения свыше.

170. Вера внутри знания

Вера выше знания называется цепью, приковавшей порабощённых. Потому что ею прикованы порабощённые в изгнании, и если бы не она, тотчас были бы на свободе.

Как Исраэль были в Египте 210 лет, или как сказано, «истязали их четыреста лет»; то есть всё, что они строили, сразу же поглощала земля; «и томили их тяжёлой работой», пока не «застенали сыны Исраэля от работы», и были спасены.

Но возникает вопрос, почему они не всегда испытывали тяжесть и огорчение в работе? Причина в том, что если человек следует верой выше знания, то его тело не хочет давать ему горючее для работы, потому что там, где нет желания получать, там нет тела.

Есть правило, что тело не может работать без получения ради себя. Десять процентов, пять процентов, но без получения вообще – это невозможно. На это есть ответ, что тот, кто приумножает любовь к Творцу, у того есть горючее от Творца. А удостоиться любви Творца можно только ненавидя тело.

171. Как прекрасны шатры твои, Яков!

«Прекрасны шатры твои, Яков». Яков – от слова «акваим», что означает пятки, конец чего-либо. То есть состояние самого тяжёлого упадка в ощущениях человека, когда пропадает у него чувство, что может быть в мире хоть что-то, из чего мог бы он извлечь наслаждение. И он говорит: «Разве не является целью Творения наслаждение созданий? Ведь передали нам мудрецы, что наивысшее добро и наслаждение заключено в Торе и заповедях». Он же не чувствует в них никакого вкуса и никакого удовольствия, хотя и написано, что «они – твоя Жизнь и продление дней твоих». Но он этого не видит.

Сказано, что в материальном мире удовольствия существуют только потому, что духовное раскрывается и в них, но своим наименьшим свойством, которое зовётся «тончайшим Его свечением». Если даже этих мизерных наслаждений человек не чувствует сейчас в материальных объектах, он ощущает в этом состоянии отвращение к жизни, потому что в ней не проявляется для него никакого вкуса.

Тогда должен человек поверить в то, что намеренно дали ему сверху прочувствовать такое состояние, чтобы ощутил он недостаток духовного в своей жизни, чтобы появилось у него желание молиться Творцу о том, чтобы позволил ощутить наполнение высшим светом там, где проявляется недостаток. Такое желание, в котором раскрывается высший свет, называется «жилище Исраэля». Ведь то, что чувствует он сейчас желание работать ради Творца, называемое «Исраэль», без желания этого не мог бы он получить высшее наполнение.

172. Человек и Тора

Когда человек изучает Тору, он ощущает себя ниже всех, ощущая, что заботится он только о личной пользе, что нет у него никакого понятия о единении с Творцом. Но Тора, которую изучает, дана теми, кто находились в слиянии с Творцом.

173. Тфилин

Ручной тфилин накладывают на слабую руку, то есть левую. И есть там семь витков, которые соответствуют семи мерам. И каждый виток содержит аспекты подъемов и спусков. Но вместе с тем продвигается, то есть каждый виток, когда поднимается вверх, обязан иметь точку спуска, иначе нет места для подъема. Потому что, если нет кли, нет света, нет потребности – нет наполнения потребности.

Поэтому ручной тфилин называется свойством малхут, которая является сущностью веры, и там обычны взлеты и падения. Потому сказано: «Тебе (будет) знамением, но не другим – знамением» (Вавилонский Талмуд, трактат Менахот 37:2), то есть, нет пока здесь никакого раскрытия наружу. Тогда как головной тфилин, это уже свойство Тора, и там есть раскрытие. Поэтому сказали мудрецы: «И устрашатся тебя» (Дварим, 28:10) – значит, уже раскрыто наружу, что свет уже облачен в келим.

174. Заповеди даны Творцом

Даны нам заповеди Творцом – как те, что из Торы, так и те, что от раввинов, и обычаи Израиля, посредством которых мы можем дать наслаждение Творцу. Так что впоследствии раскроются света, находящиеся в этих заповедях.

175. Три уровня в человеке

«Сказал раби: "Многому научился я в Торе от моих учителей, ещё большему – от ближних моих, а от учеников моих – более всех"» (Талмуд, Макот, п. 10 стр. 1). От учителя к ученику – это путь отдачи. «Ещё большему – от ближних моих». Человек просит у ближнего своего, чтобы научил его, и тем делает ему благо. «А от учеников моих – более всех». Учениками называются те, которые хотят учиться и хотят понять, и говорят: «Научи нас, учитель, откуда услышать». И это три уровня в человеке.

176. Вера – подход выше природы

Верой называется аспект, который не является естественным, иными словами, это выше знания. А внутри знания называется природа, означающая, что отчеканена сила в человеке, позволяющая ему делать то, что он понимает и чувствует.

Свойство «Моше Рабэйну алав а-шалом» (наш учитель, мир ему – иврит) называется верой выше знания, а Корах называется свойством знание, как говорили мудрецы: «Корах умный был». Поэтому грех Кораха был в том, что он не соглашался с Моше, но не с Творцом. Потому что Корах сказал, что Моше все выдумал, а не говорил от Творца.

Потому был грех такой большой, что его знание было против пути веры. Поэтому Моше просил, чтобы Творец наказал его также путем выше знания.

И вопрос награды, которая выше знания, решается путем «трудился и нашел». То есть, после того, как человек устал в получении бремени небесной Малхут, он удостаивается вещей, о которых никогда не думал, что постигнет их. Потому это называется «находка», что никогда он не думал об этом. Поэтому считается, что это пришло к нему по рассеянности, как говорили мудрецы (Синедрион 97:1).

177. Плод Торы

[Скажем, у человека есть орган] и у самого него нет ничего, кроме того, что дают ему другие. Малхут, которая называется желанием получать, самой нельзя получать в собственное свойство из-за сокращения. И из-за того, что она не желает получать, то есть притягивать в свое собственное свойство, она получает от других, то есть то, что ей дают.

Как сказано: «И закрыл Моше лицо свое, ибо страшился взглянуть»[55], – и удостоился «образ Творца увидеть»[56] (трактат Брахот, 7:1). То есть именно, когда он не хотел получать в собственное свойство и хотел работать выше знания, он удостоился святого знания. И отсюда происходит все свойство «плодитесь и размножайтесь». Тогда как если он хочет получать в свое собственное свойство, это называется: «Чужой бог оскоплен и не приносит плодов»[57].

178. Отец вывел мать наружу ради сына

Аба (Отец) называется совершенный. Выводит бину, то есть разум, наружу из ступени, чтобы не пользоваться разумом. Почему ради ее сына? Чтобы смог получить понимание, то есть, знание, и чтобы не был поврежден со своим кли получения.

Поэтому начинают с работой, которая выше знания, когда получающие кли не могут удержаться там. Не так на месте, где знание согласно на работу, есть уже удержание

---

55 Шмот, 3:6.

56 Бемдибар, 12:8.

57 Ари, Древо жизни, врата 48, ч. 2.

для келим получения, в противном случае знание не было бы согласно работать ради отдачи.

«Отцом» называется первая причина из порядка работы. «Вывести бину наружу», значит, его разум будет за его границей, иными словами, чтобы не советовался с разумом по поводу работы. «Ради сына» – поскольку понимание родилось из двух противоположных вещей.

И это называется знание святости, то есть, ее сын называется целью, где цель работы, когда человек достигнет, чтобы все его дела были бы ради неба. И это может быть выше знания, то есть, согласно ли знание? Безусловно, тело чувствует в этом пользу для себя, иначе не согласилось бы с этим.

179. Ибур (1)

Разбитые и неживые келим поднимаются с ницуцин (искрами) к ибуру при помощи решимот, которые получили свой свет.

Например, творения после греха Адама Ришона считаются разбитыми и неживыми келим, то есть это келим получения ради себя, отделившиеся от источника жизни. В них есть только искра – решимо отражённого света, которое осталось и спустилось для оживления келим, чтобы они смогли ожить.

А искра происходит от святости, оставшейся от отражённого света. И нужно поднять её, то есть, получить её ради отдачи, это называется «подъём», что означает подъём МАН. И за счёт этого образуется масах и авиют, отсюда происходит наполнение, когда отражённый свет наполняет келим по мере того, как облачает света (прямой свет).

180. У царя Давида нет жизни

Раби Шимон сказал, что у царя Давида не было жизни вообще, кроме того, что Первый человек дал ему из своих семьдесят лет. Еще толкование: Отцы оставили ему из своих жизней, каждый из них, Авраам, Йааков, Йосеф. Ицхак не оставил ему, поскольку он пришел с его стороны. То есть с левой стороны. Смысл в том, что левой стороной называется тьма. Вот почему написано: «Авраам родил Ицхака» (Книга Зоар, Вэишлах 16:54).

И следует спросить в связи с этим, почему была жизнь у Ицхака, а не говорят, что нужно было взять жизнь со счета Авраама? Подобно тому, как у Давида, который взял жизнь с их счетов, а у Ицхака, который был включен в Авраама – наоборот, есть у него больше, чем у Авраама.

И через духовную работу нужно разъяснить, что в то время, когда человек идет по правой линии, есть у него жизнь, в смысле: «Благословенный сливается с благословенным». Но не так в левой. Поэтому нужно всегда идти по правой линии и только немного – по левой.

181. Сущность первого человека

Сущность Первого человека – это прах, как сказано: «И создал Творец Всесильный человека, прах из земли», что означает прах, который не пригоден для посева. Смысл сказанного, что малхут по своему собственному свойству представляет собой желание получать, на что произошло сокращение, нет там жизни вообще, и это называется свободным от света пространством.

182. Неверие – это наказание

Неверие – это наказание. Когда он должен смотреть на другое тело, как тот говорит против знания, (он думает) что нужно сжалиться над ним, и пробудить милосердие к нему, чтобы вернулся к источнику.

183. Работа это главное

Работа человека должна быть главным, чтобы прийти к уровню «Поднять Шхину из праха».

Смысл сказанного это вопрос небесной малхут, это принятие бремени этой малхут, которая является верой в Творца ради неба, но не для собственной пользы. Так как человек создан в желании получать для себя, он не способен из-за своей природы работать ради пользы Творца.

Поэтому, работа человека – делать добрые дела в Торе и молитве Творцу, чтобы Творец помог нам поднять Шхину из праха. Это называется пробуждением снизу. То есть, нижние пробуждают потребность, как мы говорим: «Да будет желание от Тебя», то есть, пусть будет желание наверху наполнить наши потребности.

И это: «и принесут Мне жертвоприношение». Что объясняется в Книге Зоар: «Поднять Творца» – именно малхут, униженную до праха, поднять ее из ее униженного положения. Но для этого нужно, чтобы Творец поднял ее, как сказано: «Милосердный, Он поднимет нам падающую суку Давида».

184. Время наложения тфилина

Время наложения тфилина – со времени, когда начинает видеть своего товарища в четырех амот (локтях). А на что намекает нам это в духовной работе? Товарищем называется Творец, как написано: «друга твоего и друга отца твоего не оставляй», «ради братьев моих и друзей». Четыре амот – так называется человек, который является стадией «четыре амот». И если он видит и чувствует реальность Творца в своих четырех амот. Это называется день.

И тогда называется, что он накладывает тфилин, как сказано: «и увидели все народы земли», что есть наглядное доказательство, и тогда он удостаивается свойства тфилин, когда будет в самоотречении перед Творцом.

185. Вопрос Шкалим

Шкалим, смысл вопроса шкалим в том, что человек взвешивает в своем уме, что делать. А смысл выражения «половина шекеля», подобен выражению «молитва делает половину», означающая, что (человек) должен молиться, чтобы Творец дополнил его желание

186. Вернись, Исраэль (1)

«Вернись, Исраэль, к Творцу Всесильному твоему»[58] [букв. «до Творца»]. Мудрецы объяснили: «Велико возвращение, которое доходит до Престола Славы, как сказано: до Творца Всесильного твоего»[59].

«Престол» («кисэ») происходит от слова «покрытие» («кисуй») и от слова «трон» («кисэ»)[60]. «Ибо споткнулся ты в грехе своем»[61], – потому что «не может человек постичь слова Торы, если не споткнулся на них»[62]. Потому что до того, как человек видит, что споткнулся в грехе своем, невозможно совершить возвращение.

«Возьмите с собою слова и возвратитесь к Творцу, скажите Ему: "Прости все грехи и прими доброе; и [вместо] быков принесем [слова] уст наших"»[63]. «Возьмите с собою слова и возвратитесь к Творцу» – то есть возврат к Творцу должен быть, когда он скажет слова.

Кто такие «скажите Ему: Прости все грехи»? Это люди, которые чувствуют, что несут [в себе] грехи. «Прими доброе» – то есть они хотят получить свойство добра, то есть свойство силы отдачи, как сказано: «Чувствует сердце мое вещь добрую. Говорю я: деяния мои – царю»[64].

И что они должны сказать в тот момент, когда совершают возврат? «И [вместо] быков принесем [слова] уст наших». Ведь уста («сафа») – это свойство «соф» (конец), то есть малхут небес, которая должна быть – к Творцу. А свойство «уста» – важное и считается совершенством, как быки. «Ибо день во дворах Твоих лучше тысячи – выбрал я»[65].

---

58 Ошеа, 14:2. Вернис,ь Исраэль, к Творцу Всесильному твоему, ибо споткнулся ты в грехе своем.

59 Трактат Йома, 86:1.

60 Предисловие к книге Зоар, Сулам, п. 31.

61 Ошеа, 14:2.

62 Трактат Гитин, 43:1.

63 Ошеа, 14:3.

64 Псалмы, 42:2.

65 Псалмы, 84:11.

187. Величие Творца есть Его скромность

Насколько человек ценит величие Творца, точно в той же мере он видит Его скромность. Другими словам – что Творец скромен, обращаясь к человеку. Если Творец не так уж велик, он автоматически не так уж скромен, потому что человек тоже велик в какой-то мере. В то же время, когда человек ценит величие Творца, в мере Его величия видна и Его скромность.

188. Раскрывающий пядь и скрывающий две

И можно спросить, зачем они раскрывали, если [потом] снова скрыли еще больше. И следует объяснить, что имеется в виду, что тому, кто достоин, они раскрыли пядь. А для того, кто не достоин видеть истину, они были вынуждены скрыть две пяди.

189. По вопросу изучения каббалы

В предисловии к книге «Амрей Йосеф» адмора из Сэпынцы приводятся слова рава Хайма Гальберштама из Сонча о сказанном в Писании: «Слава Творца – в скрытии вещей, слава царей – в изучении вещей» (Мишлей, 25:2).

Объяснение: если человек хочет изучать каббалу, чтобы узнать, сколько есть миров и сколько сфирот, то есть познать почёт Творца, величие славы Творца, – тогда действует «скрытие вещей».

Но если хочет изучать мудрость, чтобы знать, как возвести Творца на царство и как работать с намерением освятить 248 органов (его души) и сделать их колесницей святости, – это называется «почёт царей», – как возвести Его на царство и служить Ему, и это «изучение вещей».

190. Место совершивших возвращение

«В месте, где стоят совершившие возвращение, абсолютные праведники стоять не могут»[66].

Когда человек учится, он называется абсолютным праведником, а когда он не может учиться, он называется грешником. А если он преодолевает себя, это называется, что он совершил возвращение. И есть правило: «По страданию – оплата»[67], – поэтому абсолютный праведник не может стоять в месте совершивших возвращение.

---

66 Трактат Брахот, 34:2.

67 Трактат Авот, гл. 5, мишна 23.

191. Функции света хохма

У света хохма есть две функции. Когда он светит, приходят к осознанию зла. А потом, когда уже есть у человека осознание зла, (он) знает, что не может пользоваться келим получения. А потом он светит и дает силу келим получения, чтобы могли получить ради отдачи. Получается, что есть здесь два действия для потребности келим.

3 – это наполнение света хохма, который светит после того, что есть у него исправленные келим, которые работают ради отдачи.

Свет Бины дает келим отдачи, которые смогут направить ради отдачи.

Поэтому нужно различать:
- 320 нечистых;
- 288 без Малхут;
- 320 чистых после отдачи красноты Има;
- 325 после того, как свет хохма светит на 320 исправленных, и называется нижняя хэй АБА.

192. Основы

«Если бы приблизил нас к горе Синай, но не дал бы нам Тору, нам было бы достаточно».

Комментаторы Писания спрашивают: как можно сказать без Торы «нам было бы достаточно»? Ведь Творец создал мир для Торы, по словам мудрецов о сказанном: «Без союза Моего дней и ночи не установлю Я законов неба и земли» (Талмуд, трактат «Авода зара» п. 3, стр. 2).

Следует спросить о сказанном мудрецами: «Создал Я злое начало, создал Я Тору в приправу к нему» (Талмуд, трактат «Кидушин», п. 30 стр. 1). Если при стоянии у горы Синай оставила их скверна, то есть отошло от них злое начало, значит им более не нужна Тора?

Тора, данная им тогда, была на более высокой ступени – в виде сути, а не как средство.

А на вопрос «научи меня всей Торе, пока я стою на одной ноге», сказал: «Ненавидимое тобою ближнему своему не делай» (Талмуд, трактат Шаббат, п. 33, стр. 1). И как сказал раби Акива: «Возлюби ближнего, как самого себя – это великое правило в Торе». И народ Исраэля удостаиваются этой любви, как объясняют мудрецы сказанное «И стоял станом народ... как один человек с одним сердцем».

Отсюда выходит, что дарование Торы было подарком, то есть в виде сути, а не в виде 613 советов, называемых заповедями.

193. Комментарий на второе сокращение

Второе сокращение. В семи нижних некудим были отделенные, поскольку не было в них исправления линий, которое называется связанные.

В месте недостатка не светит наполнение, поскольку там место получения, называемое разобщение. Но не так, если не оставил наполнение, поскольку ему не нужно, потому что он в состоянии выше знания, называемом «потому что желание благочестия», нет места для суда, поскольку не заметно никакого недостатка, и, само собой, нет места для удержания нечистой силы. И это называется мир исправления, где будут все связаны.

194. За что был наказан Давид

Объясняет Мидраш, за что был наказан Давид – за то, что называл слова Торы «песнями», как сказано: «Песнями были мне законы Твои в доме, где обитал я». Сказал ему Творец: «Слова Торы, которыми сказано, "устремишь глаза твои на него, – и нет его" – ты называешь песнями? – Я поверг тебя в заблуждение тем, о чём знают даже малые дети, как сказано: "А сынам Кеата не дал, ибо служение при святыне на них", а он (сидит) на колеснице».

Объясняет РАШИ: «Дом, где обитал я», – когда бежал я от врагов своих и боялся их, я забавлялся законами Твоими, и были они песнями в усладу мне. «Посмотри на меня – и окрепнешь» – либо заслонишь глаза свои, вместо того, чтобы посмотреть на них – и нет их.

Раби Шмуэль Элиэзер Эйделс (МАХАРАША) называл это «песнопения», потому что песня в устах человека бывает по случаю, а слова Торы постоянны, чтобы не сходили с уст и не забывались (Трактат «Сота», 35, стр. 1).

Можно объяснить так: слова Торы – это малхут, которая называется «речь». И это свойство веры. А вера должна быть постоянна, как сказано: «Устремишь глаза твои на него – и нет его», потому что за одно мгновение пропадает у него всё. Но Тора не забывается за одно мгновение.

А он использовал законы во время бегства, то есть, когда испытывал трепет, тогда обращался к вере. А Творец говорил ему, что это вещь неизменная.

«Я поверг тебя в заблуждение». Так как «не окрепнет человек в словах Торы прежде, чем оступится в них» (Трактат Гитин, 43 стр. 1). Служение святости на плечах понесут», это называется «ярмо», несомое на плечах, а он понёс на колеснице.

«Колесница» от слова «круг» (общий корень айн-гимел-ламед), где нет низа, и это состояние пробуждения свыше. А линия имеет верх и низ, и это зависит от работы человека. И это называется пробуждением снизу. «Плечо» – это принятие ярма, пробуждение снизу.

195. Соединение меры суда с милосердием

О соединении меры суда с милосердием, благодаря чему нижний становится достойным мохин, и об АХАПе высшего, упавших к нижнему.

Известно, что основная работа – выбор, что означает «выбери жизнь», то есть, слияние – состояние «лишма», посредством чего удостаиваемся быть в слиянии с источником жизни. И во время раскрытого управления не места для выбора. Поэтому высший поднимает Малхут – свойство суда – в эйнаим, и таким образом создаётся скрытие, то есть, низшему начинает казаться, что в высшем есть недостаток и нет в нём величия.

Затем свойства высшего передаются нижнему в виде хисарона (недостатка). Выходит, что у этих келим есть подобие с нижним, то есть, как у нижнего нет жизненных сил, также не жизни и в высших. То есть, нет у него вкуса в Торе и заповедях.

Тогда есть место для выбора, то есть нижний должен сказать, что он ощущает скрытие потому, что высший сократил себя на благо нижнего. Это называется: «Исраэль в изгнании – Шхина вместе с ними», – какой вкус он ощущает, так он и говорит. То есть, не он виноват в том, что не чувствует вкус и не имеет жизненных сил, а по его мнению действительно нет никакой жизни в духовном.

Если человек преодолевает себя и говорит, что горьких вкус возникает у него потому, что у него нет подходящих келим, которые могут получить свет, то есть его келим работают на получение, а не на отдачу. И сожалеет о том, что высший вынужден скрывать себя, что даёт низшему повод злословить, и это МАН, который нижний поднимает.

И благодаря этому высший поднимает свой АХАП, это значит, что при подъёме высший может показать нижнему преимущество и наслаждение в келим АХАПа, котрые высший может раскрыть. А в отношении нижнего он (высший) поднимает Гальгальта ве-Эйнаим нижнего, для того, чтобы нижний увидел преимущество высшего. Выходит, что нижний поднимается вместе с АХАПом высшего.

Выходит, когда нижний видит величие высшего, благодаря этому поднимается и нижний.

Но в начале нижний может получить только катнут (малое состояние). А когда высший входит в гадлут (большое состояние), в нижнем возникает конфликт между правой и левой линиями, то есть между верой и знанием.

Но высший затем также уменьшается из-за нижнего, это называется «масах де-хирик». Это означает, что нижний может получить высшую ступень не в виде знания, а по мере веры, и не более; таким образом, сокращает левую линию высшего, то есть нижний является причиной этого.

И тогда нижний может существовать, потому что он совмещает знание и веру вместе. Это называется три линии, и именно так нижний достигает совершенства.

196. О самопожертвовании

Самопожертвование, при котором человек должен благословить небеса в присутствии многих, а именно, когда многие вынуждают его совершить грех, попадающий под запрет «умри, но не соверши», то есть, если многие намереваются совершить грех идолопоклонства, тогда даже в отношении незначительного прегрешения действует правило «умри, но не соверши».

В духовной работе желания человека называются «многие». И если это желания идолопоклонников, то считается, что многие идолопоклонники хотят, чтобы он поклонялся идолам. И тогда ему запрещено идти даже на малое прегрешение ради желания получать, если они намереваются нарушить веру Исраэля.

197. О страданиях

В работе, страдания очищают, как сказано мудрецами «Я ставлю над вами царя, подобного Аману, который вопреки вашей воле приведет вас к исправлению» (Брахот 5-71). То есть природа желания получать в том, что оно хочет наслаждаться жизнью.

В то время как человек получает в свое сердце частичку святой души, которая желает отдавать, а желание получать не дает ей сил для этого, тогда и желание получать не наслаждается жизнью, так как желание отдавать не дает ему покоя. Каждый день он дает понять, что это не жизнь, если он живет, как животное, у которого нет других потребностей, кроме похотей этого мира.

И вследствие этого он устает от жизни и ощущает только страдания, так как во всем, что он делает для получения наслаждения, святая душа не дает ему ощутить удовлетворение. И это происходит до тех пор, пока само желание получать не говорит ему, что нет иного выбора, как только подчиниться желанию отдавать, а иначе не будет ему покоя. Это и называется: «вопреки вашей воле приведет вас к исправлению».

198. Хохма и хасадим

Свет хасадим не может светить в месте сокращения. То есть подобно человеку, который занимается весь день пустяками, а потом приходит на молитву и желает молиться в намерении. Так или иначе, мы видим, что дают ему посторонние мысли, и не может он сконцентрироваться на молитве.

И еще, молитва – это свойство отдачи, то есть его кли, это свет хасадим. По какой же причине не светит ему свет хасадим. Причина в том, что свет хохма соединен со светом хасадим, и они являются единым светом. И если дадут ему свойство света хасадим, в то время когда все его келим находятся в получении, тогда он отведает вкус хохма, находящийся в хасадим, так как нельзя отделить хохма от хасадим.

199. Устная Тора

«Моше – служитель Его» называется «вера мудрецов». Все, что мудрецы говорят, называется «И верьте в Творца и в Моше, служителя его», когда верят, что Моше получил Тору из уст Творца.

Наследие Моше проявляется в каждом поколении, поэтому вера мудрецов продолжает последовательность «Моше, служителя его». И это называется устная Тора. И каждый рав передает народу то, что он слышал от своего рава.

200. Человек получает наслаждение от трех келим

Человек получает наслаждение от трех келим, которые называются будущее, настоящее и прошлое.

Самое большое наслаждение он получает от будущего.

Например, когда человек думает, что его пригласят на свадьбу или какую-то важную трапезу, особенно, когда из всех жителей города были приглашены только несколько важных людей и он среди них.

1. Трапеза или свадьба произойдут через некоторое время, однако он уже сейчас получает наслаждение от будущего. Как сказано, «мысли о прегрешении страшнее самого прегрешения» (Йома 29-71), потому что есть у него много времени наслаждаться от будущего.

2. Настоящее, когда он присутствует на трапезе и видит, что там находятся только важные люди и от этого он наслаждается.

3. Через некоторое время, когда он вспоминает о том, какую честь он получил на трапезе, он также наполняется наслаждением.

Человек должен представить себе, что будет у него собрание товарищей, и с помощью действий и мыслей увеличить для себя важность собрания.

В той мере, в которой он делает подготовку, чтоб увеличить важность собрания, так он сможет насладиться в настоящем, во время собрания. И в той мере, в которой он может насладиться в настоящем, в той же мере он сможет потом насладиться и от прошлого. Ведь пока он помнит наслаждение, которое у него было, он ощущает наслаждение и сейчас.

Из этого следует, что одно зависит от другого, что будущее зависит от важности мекиф (окружающего). Окружающее это то, что случится в будущем, а настоящее это пними (внутреннее). Прошлое же называется решимот, то есть в той мере наслаждения, которое он ощутил, в той же мере у него остались решимот.

Эти решимот остались, чтоб возродить келим. То есть, те решимот, которые остались от наслаждения возрождают человека.

201. Подъем МАНа (1)

Вопрос: подъемом МАНа называется подъем хисарона наверх. Почему же сказано, что подъемом МАНа называются заповеди и добрые дела?

МАНом называется хисарон. Но чего же не хватает нижнему так, что этим он может вызвать добавку высшего блага в мирах?

Когда человек занимается Торой и заповедями, Тора и заповеди сначала вызывают МАН у человека, то есть человек получает хисарон и видит, что ему недостает Торы и трепета перед небесами из-за скрытия и сокрытия, существующего в мирах по причине сокращения.

Получается, что тогда человек получает хисарон, и этот хисарон он поднимает наверх, чтобы его наполнили. Согласно этому выходит, что благодаря Торе и заповедям человек получает МАН, а этот МАН он поднимает наверх и вызывает раскрытие во всех мирах.

202. По поводу трепета

Трепет должен быть, иначе мы не сможем совершить исправление, называемое подобием по форме, и это называется «поскольку Он велик и правит всем»[68], где всё Его намерение – только отдавать. Также и у творений должно быть то же намерение, то есть отдавать.

В то же время остальные виды трепета, как наказания этого мира, так и наказания будущего мира, называются получением, а не отдачей. А цель его работы – в том, чтобы с помощью Торы и заповедей мы пришли к свойству отдачи. И это смысл фразы: «И Творец сделал так, чтобы страшились Его»[69].

И вопрос: зачем Ему нужно, чтобы у нас был трепет? А [ответ] как сказано выше, что имеется в виду, что благодаря вышеупомянутому трепету обретаются отдающие келим, что называется подобием по форме, и тогда мы сможем довершить цель творения.

203. Тора обретается страданиями

Зачем нужны эти страдания? Но дело в том, что есть правило «нет света без кли», то есть не может быть никакого наслаждения без того, чтобы до этого была потребность в этом наслаждении, а потребностью [хисароном] называются страдания, то есть он испытывает страдания от того, что у него нет наслаждения. Поэтому невозможно прийти к свету Торы, если нет потребности в свете Торы. То есть когда он испытывает страдания от того, что у него нет света Торы, и благодаря этим страданиям он обретает его.

Поэтому, когда человек учится, он должен сделать из своей Торы молитву, то есть должен ощутить хисарон от того, что не понимает Тору. Однако, когда он понимает,

---

68 Предисловие к книге Зоар, п. 191.

69 Коэлет, 3:14.

нельзя сказать, что у него есть хисарон. И хотя он может верить выше знания, что он не понимает, но выше знания хисарон не ощущается, ведь человек ощущает только то, что приходит в его знание.

204. Два вида возвращения к вере

1. Возвращение действием: Человек старается выполнять все предписываемые действия в их обычном исполнении, изучая Тору и выполняя заповеди, как того требует закон. И это возвращает его к вере. То есть до того, как пришёл он к этому, не соблюдал ещё заповеди, но вернувшись к вере, стал выполнять, как полагается, все заповеди Торы. Но всё же, всё это происходит у него только на уровне действия, а намерения же свои в Торе и заповедях ещё не исправил.

2. Возвращение намерения: Прежде того, как раскаялся человек в своём намерении, было оно у него направлено только ради собственной выгоды. Теперь же он раскаивается о своём прежнем намерении, и все свои действия сейчас он делает не ради себя, а ради Творца.

Получается, что есть работа явная, то есть работа действием по выполнению Торы и заповедей – ведь действия эти открыты каждому. И есть работа, выполняемая в намерении, и она скрыта от всех, ведь намерение человека скрыто от остальных людей.

205. Действие и намерение

Действием попросту называется совершаемое действие – занимаются ли получающими действиями, то есть самонаслаждением, или отдающими действиями по отдаче ближнему.

А есть свойство намерения, то есть когда делают действия по отдаче, то есть дают милостыню или занимаются благотворительностью и тому подобное, однако намерение его получить что-то взамен, и это называется «ради получения». Или же его намерение тоже на отдачу, когда он не желает ничего взамен своего действия на отдачу.

То же самое, когда он совершает получающие действия, то есть занимается самонаслаждением, исходя из намерения, желающего насладиться и наполнить потребность своей жажды, стремящейся к наслаждению. Или же он самонаслаждается по воле Творца. То есть если бы не было воли Творца, чтобы люди наслаждались согласно желанию Его насладить Свои творения, у него не было бы желания получить наслаждение.

206. Три вещи в мире

Есть три вещи: мир, Тора, человек[70].
- Мир – то есть малхут.
- Тора – то есть свет, заключённый в Торе, который возвращает человека к источнику.

---

[70] Зоар, Толдот, п. 2.

- Человек, который до 13 лет находится под властью клипот, а после 13 лет входит в святость, и благодаря особому свойству Торы может изменить желание получать на желание отдавать.

207. За преступления ваши изгнана ваша мать

«За преступления ваши изгнана ваша мать» – означает раскаяние и возвращение к Творцу с двух сторон.

Внутренняя часть Торы и заповедей называется «матерью». От неё мы получаем изобилие и наслаждение, подобно как в природе матери заложено обеспечивать всем необходимым своих сыновей. Спрашивается, почему же мы не ощущаем эту внутреннюю часть в Торе и заповедях?

Это объясняется тем, что прежде чем человек не станет способным получать ради отдачи Творцу, на него распространяется запрет на получение света Творца, называемый «сокращение» (цимцум алеф), и его неисправленное желание остается пустым, как после сокращения образовалось пустое место, не заполненное светом Творца.

Но с помощью раскаяния (тшува), когда человек приобретает альтруистические желания всё делать ради Творца, он становится пригодным для получения наслаждения от Творца. И тогда внутренняя часть, которая была скрыта в Торе и заповедях, раскрывается ему.

Получается, что из-за «грешников» – эгоистических желаний человека, внутренняя часть Торы и заповедей вынуждена удалиться и быть изгнанной, как будто её не существует. И это называется «за преступления ваши изгнана мать...».

А когда эти грешники раскаиваются и возвращаются к Творцу, возвращение происходит с двух сторон:
- низшего к Высшему,
- Высшего к низшему.

То есть когда человек приближается к Творцу и желает только отдавать Ему, то так же и Творец раскрывается человеку. И это называется, что человек возвращает себя туда, откуда ранее был удалён.

208. Проблема праха

«Что пользы в крови моей, если сойду в могилу? Прославит ли прах Тебя? Возвестит ли истину Твою? Услышь, Господи, и помилуй меня!» (Теиллим 30:10).

Вопрос праха: в то время, когда человек находится под властью желания получать, это и есть, свойство прах, из него родился Первый человек, но он был «прахом из земли». И объяснено в «Сулам», что «землей» называется свойство Бины, то есть, мера отдачи.

А когда он испортил свойство отдачи, снова упал в свойство прах. Это называется «прах», потому что там произошло сокращение, то есть, нет никакого наполнения святости, тянущегося туда, поэтому чувствуют там только вкус праха в Торе и заповедях.

Поэтому исправление заключается в том, чтобы он снова принял на себя свойство отдачи. Но не в силах человека это, поскольку это против его природы. Потому сказано: «Услышь, Господи, и помилуй меня!»

Потому что значение слова «помилуй», как сказали мудрецы: хоть он не достойный, но стоило бы, о чем говорится: «Но помилую Я лишь того, кого решу помиловать» (Шмот 33:19), то есть, мы просим Творца, чтобы дал нам эту силу, несмотря на то, что мы не в состоянии сделать эту силу.

И об этом написано: «Господи, будь помощником мне!» (Теиллим 30:11), как сказали мудрецы: «Если Творец не помогает ему, он не может» (Вавилонский Талмуд, трактат Бава Батра 5:75).

И мы не можем отдавать больше, чем молитву.

209. По поводу жениха и невесты

Радость жениха и невесты – это Творец и Его Шхина.

В трактате Ктубот говорится о наслаждении глупостью, то есть что каждый должен изобразить из себя как будто он глупец. Подобно тому, как разум заставляет его думать, что не гоже плясать и не гоже радоваться веселью жениха и невесты, ведь какая у него выгода от того, что жених женится на невесте.

Но дело в том, что Исраэль – поручители друг за друга, то есть весь Исраэль (кляль) есть одно целое. Поэтому каждый должен радоваться тому, что сейчас часть его выигрывает и наслаждается, ведь часть его получает полное исправление.

210. Действия человека

Без чувственной реакции со стороны тела невозможно сказать, что человек выполнил какое-то действие. Иначе если бы сидел на одном месте и не совершал ничего запретного, считалось бы, что как будто выполнил заповедь. Разумеется, нельзя в этом случае сказать, что таким образом человек каждый день выполняет множество запретительных заповедей. Тогда он смог бы сказать, что сегодня не убивал, не разбойничал, не грабил и так далее.

Поэтому, если человек не задумывается о том, что выполняет какую-то запретительную заповедь, это не вызывает в нем никакой реакции со стороны тела. И только в тот момент, когда человек задумывается над своим действием, то есть что есть у него возможность преступить запрет, но он не делает это по причине того, что это повеление Творца – только в таком случае можно сказать, что человек исполнил запретительную заповедь.

А без действия тела в мысли, речи или движении невозможно сказать, что человек исполнил запретительную заповедь, ничего не ощущая и не осознавая при этом. Ведь всё, что мы можем сказать о человеке – это его чувственная реакция на окружающее и его ощущения. И если человек в данный момент не ощущает что-то, то по отношению к нему этого как будто не существует.

Поэтому обычно основа работы человека выражается в подчинении его эгоизма с помощью исполнения заповедей действия или посредством запретительных заповедей. И на это намекали мудрецы, говоря: «Не ешь свинину, потому что Творец запрещает это» (только потому, что Творец запрещает, а не потому что тебе не хочется, ведь если усилие не против желания, то какое же это действие заповеди, просто свое желание, а не желание Творца выполняет человек).

Исходя из этого, существуют следующие стадии:
- Когда трудно преодолеть человеку свою страсть и поэтому делает запрещённое.
- Когда не преступает запрета из-за боязни, что окружающие могут осудить его. Например, когда узнают, что он, человек, соблюдающий кашрут, вдруг съел что-то недозволенное.

Преодолевает свой эгоизм, потому что Тора запрещает его использование, но не рад этому запрету и потому испытывает страдание от него.

211. Свойство человека

Книга Зоар, Берешит 2, стр. 116[71] Лик человека – от хазе и выше.

От хазе и ниже нет лика человека, а есть лишь три лика, и это – бык, орел, лев.

Души людей – от свойства от хазе и ниже, в любом случае, они называются свойством человека, поскольку они поднимаются и включаются в «лик человека», который от хазе и выше и называется «простой вав». Это «вы называетесь человеком [а не народы мира]»[72].

До того, как поднялись три лика: бык, орел, лев, – чтобы включиться в лик человека, они произвели порождения в мирах БЕА, которые называются «животные» и «птицы», и «скот». А потом они поднялись и включились в лик человека, и от всех их родилась душа Адама Ришона.

Получается, что человек включает их всех. А потом они опустились в миры БЕА, и поскольку они включились в лик человека, они считаются чистыми видами, несмотря на то, что они разделились, поделились на много элементов.

Оба они остались. Общее осталось и называется «дух человека, поднимающийся наверх». И так же элементы, называемые «дух скота опускается вниз». И разделились они на свои элементы, как они были до подъема.

После грехопадения Адмама Ришона он называется «злодей» (букв. «злобный[73] человек»), то есть он не желает подниматься, а хочет притягивать [высшее благо] сверху вниз. Отсюда произошли нечистые духи людей, происходящие от нечистоты змея.

212. Свойство чертога

Книга Зоар, гл. Пкудей, стр. 154[74]

Первый чертог – сапфировые пластины, и это есод де-малхут (чертог называется малхут).

Доблестной женой называется малхут мира Ацилут. Блудной женой называется малхут скверны.

---

71 Видимо, опечатка. На этой странице находится п. 181, тогда как тема статьи соответствует п. 81.

72 Трактат Евамот, 61:1.

73 Иврит. «блияаль», что можно прочесть как: «бли (без) яаль (подъема)».

74 Сулам, пп. 478 – 490.

И в то время Исраэль прилепились к блудной жене, и Творец сказал Ошее взять жену-блудницу[75], чтобы знать, к чему прилепились Исраэль, и это является притяжением хохмы сверху вниз.

Чертог сапфировых пластин – первый, о котором сказано: «И узрели они Творца Исраэля»[76], – ибо в малхут присутствует свойство зрения. Правитель этого чертога, который стоит на входе, зовется Таариэль. И если душа после смерти человека в этом мире достойна этого, он дает ей войти. А если душа не достойна, тогда начальник ситры ахры вводит ее в чертог скверны, и она осуждается на 12 месяцев.

Так же и святой правитель, если это молитва многих, он впускает ее. И она задерживается там, пока все молитвы не образовали там венца на голове праведника, оживляющего миры, который называется «есод».

А если это молитва одиночки, если прекрасна она, он впускает ее, а если нет, – он отталкивает ее наружу. И она пребывает в нижнем небосводе из тех небосводов, что внизу, которые управляют миром. И там находится правитель, имя которого «Саадиэль», и он берет все отвергнутые молитвы и прячет их, пока человек не приходит к возвращению.

И если человек приходит к возвращению и возносит хорошую молитву, тогда этот правитель берет эту отвергнутую молитву и поднимает ее до хорошей молитвы, и они перемешиваются друг с другом, и входят пред святым Царем. А иногда, если человек пошел за ситра ахрой, правитель ситры ахры забирает эту молитву, и он поминает грехи этого человека перед Творцом и обвиняет его.

Выше входа в этот чертог есть один вход, который выкопал Творец от судов мифтехи («ключа»). И он открывается три раза в день, то есть там светят три линии, и этот вход не закрывается.

Все нуждаются в разрешении, чтобы войти, кроме врат слез, которые не заперты. И когда эта молитва возносится, ангел, называемый «офан» (колесо), имя которого Йерахмиэль, забирает эту слезную молитву, и она соединяется с тем, что выше.

213. Тьма, огонь, тень

«Дым – это граница между огнём и тьмой». Огнём называется диним (суды) нуквы. Тьма – это диним де-дхура (захар).

Тьма. Те, которые придерживаются левой линии, прежде, чем соединяются с правой, наказываются тьмой, то есть света обращаются в тьму.

Огонь. Это диним нуквы, то есть раскрытие свойства суда.

Тень. В начале диним в них не раскрывается свойство суда, а считаются только тенью диним.

---

[75] Ошеа, 1:2. Начало речи Творца к Ошее. И сказал Творец Ошее: «Иди, возьми себе жену-блудницу и детей блуда, ибо весьма блудодействует эта земля, отступая от Творца».

[76] Шмот, 24:10. И узрели они Творца Исраэля, и под ногами Его словно изделие пластин сапфировых и как само небо по чистоте.

214. Обирает отца своего и мать свою

Кто наслаждается в этом мире без благословения, о нём сказано: «Кто обирает отца своего и мать свою, и говорит, что это не грех, тот товарищ губителю» (Талмуд, трактат Брахот, 35, стр. 2). В Книге Зоар сказано: «Кто такой губитель? Это человек, который вредит луне...», – потому что соединяется с «ситра ахра» и лишает мир благословений (Книга Зоар, гл. Пкудей, 182).

Потому что благословение означает – отдача, и это свет хасадим. И если нижний не работает в свойстве отдачи, он не даёт возможности проявления блага свыше. Выходит, что он лишает мир благословения.

И можно объяснить так: мир называется «Малхут», и он лишает света святую Шхину, потому что с помощью веры привлекается свет.

215. Встреча гостей

«Гостем» называется доброе начало, приходящее в 13 лет. И «важность встречи гостей», так как тело не даёт ему принять их.

«Чужим я был на земле чужой» – означает чуждое желание. Желание чужеземца, а не желание Исраэля.

Исраэль означает яшар-Эль (прямо к Творцу), а желание чужеземца – это эль-зар (чужой бог), как говорят мудрецы о сказанном в Писании: «Не будет у тебя бога чужого». И объясняют: «Чужой бог в теле человека – это злое начало» (Талмуд, трактат Шаббат, 105 стр. 2). А прежде, чем человек почувствует, что в нём есть чуждое желание, он не сможет попросить, чтобы его вывели из изгнания.

216. Понятие «женщины»

«Женщины – в чём их заслуга?.. Помогать мужчине» (Талмуд, Брахот, 17 стр. 2).

Понятие «женщины» означает желание получить, то есть состояние «ло лишма». Какая заслуга есть у человека, если он работает ло лишма? Как сказали мудрецы: «Тысяча входит в дом (учения), и только один доходит до смысла». Чтобы один дошёл до смысла, требуется помощь тысячи в ло лишма.

Выходит, что женщины, то есть состояния ло лишма, «помогают мужчине». «Мужчина» – это свойство дающего.

Получается, что у него (свойства женщины) есть часть в отдаче, так как с его помощью выходит лишма.

217. Беги, друг мой

«Беги, друг мой, пока не воспрянет любовь, объемлющая нас».

Это выбор, которым Творец наделяет нас, говоря: «беги», – для того, чтобы раскрыть любовь. Почему прежде надо бежать? Потому что само действие творения завершено, то есть любовь уже уготована во всём совершенстве и должна раскрыться творениям. Но она не может раскрыться без облачения в свет милосердия, а свет милосердия делает творения способными получить свет любви.

Это происходит потому, что свет любви может облачиться только навечно. Поэтому когда человек не ощущает себя в вечности, он не может получить свет любви. Если же он прежде получает свет милосердия, тогда он наверняка «не вернётся более к своей глупости», а значит, настоящее и будущее для него равнозначны.

Выходит, что у него все 70 лет проходят в одной форме, то есть во власти Единого, и 70 лет и 6000 лет всего творения – едины, что является совершенной духовной ступенью. (Как сказано, что когда человек отменяет желание ради себя и ничего не желает себе, а действует лишь ради общества, то он становится подобен звену в цепи, и звено называется именем всей цепи, и у звена нет ничего своего).

Выходит, что он называется именем общего творения, которое вечно. Поэтому когда он получает свет милосердия, он становится способен получить свет любви. Об этом сказано: «любовь, объемлющая нас». И это совершенная, а не частичная мера, как сказано о Моше: «Я проведу все благо Мое» что означает – общая мера.

И чтобы получить свет милосердия нужно пробуждение снизу, то есть чтобы попросили милосердия, так как свет, раскрывающийся в молитве, называется свет милосердия.

Но как можно просить милосердия до состояния «изнывает душа моя по спасению Твоему», то есть чтобы настолько нуждался в спасении, что изнывает душа. Поэтому Творец раскрывается ему, как бегущий, и благодаря тому, что Творец как-бы убегает, то есть, проявляет обратное управление, появляется место раскрыть истинную молитву и вызвать свет милосердия навечно.

Поэтому «беги, друг мой» до состояния «пока не воспрянет». При этом со стороны Творца любовь совершенна, но нижние не ощущают эту любовь и не стремятся к ней, пока не получат свет милосердия, что означает способность в действиях желать свет любви.

Это означает «пока не воспрянет», то есть пока не появится желание. Так как если милосердие может быть в одном человеке, то любовь существует в обоих одновременно. Поэтому сначала вызывают свет милосердия при помощи «бегства» – становятся способными получить свет милосердия, а при помощи света милосердия становятся способными получить свет любви.

И это означает «любовью большой возлюбил нас». Поэтому когда это раскрывается у нижних, то – «милость великую оказал Ты нам», то есть нам уготована возможность получить свет милосердия, с помощью которого становимся способными получить любовь.

Любовь означает вечность, а святая Шхина называется «молитва». Поэтому когда человек молится о себе – это не вечность. Потому что, когда он молится и у него есть какая-то связь с Творцом, ему уже не о чем молиться, и это называется рабство, а не молитва.

Потому что молитва может быть только там, где нужно пробудить милосердие, как в случае с тяжелобольным. Если же у него есть какая-то связь с Творцом, то он уже вне опасности и не может молиться. Выходит, что его молитва не вечна.

Поэтому Творец уготовил целый мир, как сказали мудрецы: «Должен сказать человек: "Для меня создан мир" (трактат Санедрин, 37 стр. 2)». То есть, чтобы он молился за весь мир. Поэтому когда он молится, и у него есть связь с Творцом, даже если он сам не болен, он может молиться за своё поколение, то есть вызывать милосердие, чтобы никто в поколении не испытывал недостатка в благе.

И это большое правило, что сам человек называется «творение», то есть только он один. А остальное помимо него – это святая Шхина. Выходит, когда он молится за своё поколение, то считается, что молится за святую Шхину, которая в изгнании и нуждается в спасении. Это означает состояние вечности. И только так может проявиться свет милосердия.

И ещё одна причина, что нужно молиться только за общество – это то, что нужно раскрыть свет милосердия, который является светом отдачи. И это правило, что не способны получить вещь без подобия, и всегда нужно находиться в состоянии подобия.

Поэтому когда он пробуждает на себя милосердие, считается, что он получает ради себя. И чем больше молится, тем самым он не только не готовит кли отдачи, а наоборот, появляются в нём искры получения.

Выходит, что он идёт по обратному пути, то есть он должен был подготовить кли отдачи и «слиться с Его свойствами», и стать «как Он милосерден, так и ты милосерден».

Поэтому когда он молится за общество, считается, что посредством молитвы он работает со свойством отдачи. И по мере того, как молится, в нём появляется кли отдачи, в котором может раскрыться свет отдачи, называемый «милосердный».

И благодаря тому, что получаем свет милосердия, есть возможность после этого проявиться мере «благоволитель». Как сказано: «Сокровищем безвозмездного дара благоволи нам». «Благоволить» означает любовь, которая не имеет причин и объяснений, потому это любовь.

А «безвозмездный» означает – отдача, что соответствует свойству милосердия; это значит, что благодаря полученному им свету милосердия, он способен получить свет любви, что означает – «пока не воспрянет», и тогда проявляется желание и у нижних.

218. Израиль – сыновья царей

Израиль называются сыновьями царей, поскольку каждый, кто возводит на престол над собой Имя Творца, называется сыном Царя, как написано: «И освящайтесь, и будете святы, ибо свят Я, Творец» (Ваикра 11:44). Потому что каждый, кто освящает себя, называется святым, поскольку Творец называется святым.

И необходимо понять, как толкуется «святой». В Иерусалимском Талмуде (ч.2 Дибамот): «Каждый, отделивший себя от наготы, называется святым». И в Мидраше Раба Ваикра: «Каждое место, в котором ты находишь преграждение наготы, ты находишь святость», – потому что смысл слова «святой» – это отделённый. Это значит, что человек должен отделить себя от получения наслаждения.

А что значит святое имя у Творца, ведь не может быть у Него свойства получение для себя, ведь Творец только дает. Поэтому также и человек должен быть только лишь дающим Творцу. И об этом: «И освящайтесь, и будете святы», – то есть, будьте только отдающими, «ибо свят Я, Творец», поскольку Творец отдающий. Это проявление слияния.

И вот: «каждое место, где ты находишь преграждение наготы» – здесь понятие наготы означает место, где запрещено наслаждаться, так как разрешается наслаждаться только в месте заповеди.

Потому что «одно против другого создал Творец». Против святой Шхины имеется женщина-чужеземка, называемая «клипа». А святая Шхина – это свойство веры выше знания, то есть понятие отдачи.

И если человек выполняет действия в намерении доставить радость своему Создателю, считается, что он объединяется со святой Шхиной. Но если он делает дела, чтобы наслаждаться самому, получается, что он соединяется с женщиной-чужеземкой, у которой намерение только получать для себя.

Вопрос единства Творца и Шхины заключается в том, что, как Творец, только отдающий, так и святая Шхина, являющаяся стадией Малхут, из которой продолжаются вниз все желания к нижним с тем, чтобы они превращали эти желания в «ради отдачи». И они этим порождают в корне всех желаний, что те будут только ради отдачи. И это называется единством, иными словами, это объединяет два свойства, чтобы были одним.

И об этом говорится: «Муж и жена удостоились – Шхина между ними». (Вавилонский Талмуд, трактат Сота 17:1). То есть свойство «жена» противоположно свойству «отдающий»: «Шхина между ними» – значит, что тогда заметно, что Шохен располагается в месте этих желаний. Тогда желания называются словом Шхина, потому что Шохен, называемый святым, может соединиться там, где есть состояние подобия, называемое слияние.

Поэтому, в каждом месте, где человек отделяет себя от получения наслаждения для себя и вызывает состояние единства, находим в нем святость. Именно, вследствие того, что высший свет может располагаться там, поскольку келим могут получать свет Творца, называемый святостью, поскольку святость располагается только на месте чистоты. Тогда чистота называется чистотой свойств, и тогда святость располагается на месте чистоты.

Но бывает иногда и так: «Я Творец, обитающий у вас внутри вашей скверны». Иными словами, если даже нет еще келим, готовых быть в подобии, но, чтобы поддержать человека, который идет к этому состоянию, сверху обязаны помочь ему. Поскольку это проблема состояния «не ради Торы», свет которой возвращает к Источнику, – этот свет называется «Творец, обитающий у вас внутри вашей скверны».

И это относится, именно, к положению, когда человек хочет прийти к «ради Торы», но не может победить свое тело. Поэтому дают ему этот свет, чтобы смог победить желание получать и идти путем Творца, путем отдачи.

И в этом мы поймем следующий отрывок: «А теперь, если вы будете слушаться Меня и соблюдать Союз Мой, то будете избранными Мной из всех народов, и вы будете Мне царством священнослужителей и народом святым. Вот слова, которые сказал Творец сынам Израиля» (ШМОТ 19:5). Эти слова, не меньше и не больше, как сказано выше, – больше этого не нужно.

219. Желай мира и стремись к нему

В строфе «Уклоняйся от зла и делай добро, желай мира и стремись к нему» (Псалмы 34).

Есть две силы в мире, дающие человеку движущую силу, из-за которых он вынужден пожертвовать своим покоем. Стремление находиться в покое, являющимся душевным качеством, отступает перед этими двумя силами, то есть отменяется перед большинством. С помощью этого душа получает силу двигаться:
- отталкивающую силу,
- приближающую силу.

Отталкивающая сила – человек обязан бежать от плохих отвратительных вещей.
Приближающая сила – человек должен стремиться к хорошим и приятным вещам.
Однако одна сила, приближающая или отталкивающая, не способна отменить силу покоя.

«Уклоняйся от зла» – это отталкивающая сила, если человек ощущает что это зло. «Делай добро» – это приближающая сила, если человек ощущает что это добро, тогда он обязан стремиться за ним и достичь его.

«Желай мира и стремись к нему» – вопрос в том, из-за какой войны человек должен пытаться прийти к миру, да еще и гнаться за ним.

Война, то есть война за выживание, когда каждый воюет с другими, и с помощью этого он достигает требуемого.

Например, продавец хлеба борется с покупателем и хочет его победить, чтобы достигнуть желаемого, то есть получить деньги за самый худший свой товар или вообще, не отдав товара. И наоборот, покупатель борется с продавцом, стремясь получить более качественный товар за меньшую плату.

220. Польза в вещах маленьких и материальных

Дан нам смысл в вещах маленьких и материальных, чтобы, когда повзрослеем, узнать, как хранить вещи духовные и важные.

Мы видим, как маленький ребенок играет в игры, которые купили для него его родители. До тех пор, пока он находит вкус, он играет этим. А потом ребенок выбрасывает или нарочно ломает их. А когда его отец кричит на него: «Разве я потратил кучу денег на эти игрушки, чтобы ты ломал их или выбрасывал, или терял намеренно или ненароком», – ребенок даже не понимает, о чем его отец говорит.

А когда повзрослеет немного, он начинает понимать, но в любом случае пока не может удержать себя, чтобы хранить вещи, в которых не нуждается: он должен разрушить их, потому что уже привык в своей малости ломать их, так как каждую вещь, в которой нет необходимости в данное время, обязаны испортить.

И впоследствии, когда еще повзрослеет, уже будет у него сила содержать вещи в своем доме, даже если не находит сейчас пользы в них. Пока не придет к пониманию, что даже когда уже не находят интереса к этим вещам, все же не стоит их портить, а использовать эти вещи для маленьких детей. То есть эти вещи используют для людей, меньших в знании.

И если бы не эти упражнения, то даже человек взрослый вел бы себя так же. Например, в то время, когда человек не находит надобности в одежде, которая имеется у него, то рвал бы свой плащ. Но из опыта он уже знает, что этот плащ может использоваться человеком с меньшим достатком, то есть менее богатым, тогда он продает его бедному или дает бедному в подарок, но, конечно, не портит его.

И от этого мы приходим к тому, что человек, дабы смог беречь духовное и внутреннее, облаченное в Тору, должен пройти упражнения, как было сказано выше, на материальных вещах, и когда заканчивает их, то могут дать ему также духовное.

И намек на это – «человек не грешит, кроме как, если вошел в него дух глупости», а мудрецы говорят: «Какой он глупец, теряет то, что дают ему».

221. Что такое жизнь

Жизнью называется все время, когда есть желание получать наслаждение: или, что есть у человека наслаждение от того, что он получает, или, что есть у него наслаждение от того, что он дает другим. А если пропала у него эта сила, называется умершим.

Поэтому в то время, когда человек потерял сознание, понимают, что он упал в обморок, иными словами, пропала у него сила желания получать наслаждение. А в то время, когда человек кончает жизнь самоубийством, он приходит к ситуации, когда он видит, согласно веским доводам, что он уже не способен получить наслаждение, или что есть у него много заимодавцев, которые придумают ему страдания. И эти страдания аннулируют небольшое удовольствие, что, как он видит, еще можно ему получить от этого мира.

Потому «сын Будущего мира» (Вавилонский Талмуд, трактат Синедрион 88:2) должен стараться в Торе и заповедях и получит наслаждение от того, что доставит радость его Создателю. Это настолько большое наслаждение, что в нем есть возможность аннулировать самые страшные страдания, имеющиеся в мире.

В соответствии с этим даны нам заповеди, относящиеся к аспекту «будет убит и не пройдет» (Вавилонский Талмуд, трактат Синедрион 1), когда человек принимает на себя страдания самопожертвования, поскольку он верит, что внутри подвига мученичества будет душевная отрада. Раз так, то убивая себя, он сам свидетельствует, что нет у него никакого удовольствия и наслаждения в том, что он выполнит Тору и заповеди, чтобы доставить душевную отраду своему Создателю.

222. Исследования в работе

Брурия нашла ученика, который учился нашептывая. Топнула на него и сказала: «Разве не написано: "Упорядочена во всем и выполняется", – если упорядочена в 248 органах человека, то она выполняется. Этот ученик, который тихо учился, топнула на него Брурия и сказала: "Упорядочена во всем". Если упорядочена в 248 его органах, то она выполняется в сердце» (Вавилонский Талмуд, трактат Эрувин 54:1).

«Тихо» означает, что пока еще не удостоился восприятия слухом того, что называется голосом. «Топать» означает пробуждение. Брурия – работа. «248 органов» – вся ступень, то есть от груди и выше, что значит в каббале «покрытые хасадим», то есть, отдача. «Раскрытые хасадим» – от груди и ниже, что значит получение ради отдачи.

Есть две ступени:
- ступень отдачи,
- ступень получение ради отдачи.

Отдачей называется, когда человек занимается Торой и заповедями в свойстве отдачи, и он пока не чувствует вкус в заповедях. Получение ради отдачи, когда он уже чувствует вкус в Торе и заповедях, но этот вкус он получает ради отдачи.

223. Вхождение в работу

Вхождение в работу обязано быть «не ради Торы», то есть, благодаря тому, что он будет верить в Творца, будет его жизнь наслаждением. Это значит, если он сделает это действие, называемое верой, то она приведет его к возвышению духа и к более высоким душевным силам, чем те, что есть у него в то время, когда он не делает это действие.

Получается, что это чудодейственное средство, позволяющее ему вкусить ощущения, большие по количеству и по качеству, чем те, что он может ощутить в то время, когда использует другие средства, приносящие ему наслаждение.

Иными словами, есть много средств для достижения наслаждения: еда, питьё, сон и тому подобное или одеяния славы, или от того, что он делает действия, чтобы люди почитали его. Такие действия, как мы видим, являются особыми средствами, благодаря которым он достигает наслаждения.

Но наслаждения, которые эти особые средства приводят к нему, являются наслаждениями, сокращенными и количественно и качественно. Тогда как особенность веры приводит к нему наслаждение, большее и количественно и качественно. И все это называется «не ради Торы» именно из-за того, что все его намерение только лишь, чтобы достичь большего наслаждения.

И только после того, как достиг этой ступени, называемой «не ради Торы», он удостаивается других явлений, которые придут с помощью более высокого состояния. Это означает, что нет у него тогда никакого расчета для себя, но все расчеты и мысли его – истина.

Словом, всё его намерение, действительно, – только самоотмена с помощью истинной реальности, когда чувствует, что для него имеет значение только лишь обслуживание Царя, потому что он чувствует возвышенность и величие, и важность Царя.

Тогда он забывает о потребности заботиться о себе, так как его собственная сущность аннулируется, как свеча перед факелом, перед действительностью Творца, которую он чувствует. Тогда он оказывается на ступени «ради Торы», то есть ради радости Творца, и все его заботы и стремления, как доставить наслаждение Творцу. А его собственной реальности, то есть желания получать, там нет вообще. И вот он в свойстве отдача ради отдачи.

224. Причина веры

Причина веры – в том, что нет большего наслаждения, чем удостоиться раскрытия божественного и нисхождения Шхины.

А чтобы человек получил всё это ради отдачи, есть исправление, называемое скрытием, чтобы он занимался Торой и заповедями, даже если он не чувствует никакого наслаждения. И это называется не ради получения вознаграждения. И когда у него есть это кли, у него тотчас же раскрываются глаза, и он готов встретить лик Творца. А когда у него пробуждается желание, утверждающее, что стоит служить Творцу ради наслаждения, он тут же падает в состояние скрытия.

И это считается состоянием смерти, то есть до этого он был соединен с жизнью, чего он удостоился только благодаря вере. Поэтому, когда он теперь исправлен и снова начинает работать в свойстве веры, он получает назад душу своей жизни. И тогда он говорит: «Благодарю Тебя за то, что в милосердии Своем Ты возвратил мне душу мою»[77].

И это именно когда он снова принял на себя работу в свойстве веры выше знания. То есть, когда у него было скрытие, он говорит: «Велика вера Твоя!». Настолько велика вера, что благодаря ей он получает назад свою душу.

225. Названия даются только относительно нижних

Смысл названий в том, что они указывают на раскрытие действий Творца, и название соответствует смыслу действия, а все действия раскрываются нижним, то есть именно постигающему. Однако постигаемое само по себе, безусловно, не имеет той формы, которая представляется постигающему, ибо тут происходит слияние двух вещей, которое добавляет третью форму, то есть форму, рождающуюся от двух сил: от свойства захара и от свойства нуквы.

Другими словами, когда наполнение исходит из хисарона, возникает новое явление, то есть следует различать форму, которой обладает носитель хисарона до получения наполнения, и форму, которую он принимает после получения наполнения.

И следует различать два аспекта в самом наполнении, то есть какова его форма до того, как он вошел в контакт с этим хисароном, то есть он один сам по себе. И это называется простой силой, не сопряженной с кли. И следует различать [форму] после того, как он вошел в сопряжение с кли. И поскольку корень творения не более чем келим, [обладающие] свойством хисарона, у нас нет никакого постижения света без кли.

Поэтому, когда мы говорим, что Творец называется «гибор» (могучий), это происходит именно тогда, когда нам раскрывается свойство Гвуры[78]. Однако, произносящий имена, когда мы не постигаем это имя, то есть в отсутствии наполнения Гвурой, до того, как в нее вошло высшее благо, и когда мы не говорим, что Творец называется могучим, — получается, что говорит, что у Творца есть свойство Гвуры, даже когда это свойство не раскрылось нам. Получается, что он приписывает формы свету без кли, а это ложь, ибо у света без кли нет никакой формы. Поэтому они не хотели говорить «Творец могучий»[79], если это свойство не раскрывалось нижним.

---

77 Из утренней молитвы.

78 «Гвура» (ивр. сила, мужество) происходит от того же корня, что и «гибор».

79 Дварим, 10:17. Ибо Творец, Всесильный ваш. Он есть Сильный над сильными и Господин над господами, **Творец великий, могучий** и грозный. Который не лицеприятствует и не берет мзды.

226. Ковчег несет своих носильщиков

Скрижали Завета были положены внутрь Ковчега. Скрижали называются понятие Тора. И это облачено в Ковчег, это аспект «вера».

И аспект веры – это большая миссия и тяжелая, так что не в наших собственных силах принять на себя эту миссию. Но человек должен знать, что «ковчег несет своих носильщиков». Иными словами, то, что в возможностях человека сделать, это только познать трепет перед Творцом. Как далеко от человеческих сил стерпеть эту миссию.

И это подобно выражению: «Если Творец не помогает ему, он не может» (Вавилонский Талмуд, трактат Бава Батра 5:75), – против вопроса «кто и что». Это значит, что человек должен просить ступени трепета и видеть его в истинной форме, цельной и чистой, как написано: «Если будешь искать его, как серебро, и разыскивать его, как клад, то постигнешь трепет перед Творцом» (Мишлэй 2:4). И прежде чем ищут, как увидеть его форму, невозможно постичь, что же такое трепет перед Творцом. И когда видят трудности и сопротивление со стороны тела и видят на самом деле, что нет возможности у человека получить его, тогда это место для молитвы, чтобы Творец помог, как сказано выше: «Если Творец не помогает ему...».

Тогда сбывается: «...и знание Творца найдешь» (Мишлэй 2:5), – что только тогда время удостоиться знания святости. Поэтому это относят к категории «находка», после того, что человек уже видел, что нет никакой реальности в мире, чтобы была у него возможность принять на себя бремя веры. Получается, что после всех поисков, нашел человек только отрицательный ответ: как эта вещь далека от него. И лишь тогда он удостаивается раскрытия имени Творца.

Получается, что нет здесь причинно-следственной связи, когда порядок таков: сегодня я знаю мало, а завтра узнаю больше, пока не раскроется ему вся вещь в ее полноте.

А здесь наоборот: сегодня я знаю немного, а завтра, если я не ищу на пути совершенства, я нахожу сам все меньше и меньше, а назавтра еще меньше, и так далее, пока не прихожу к нулевой точке.

И только тогда человек способен принять на себя веру в совершенстве. Выходит, что это только находка, пришедшая непроизвольно. Поэтому написано: «и знание Творца найдешь».

И это аспект «Ковчег» – это вера, несущая несущих ее, иными словами, вера дает силу своим носителям, принявшим на себя тяжелую миссию. А они приходят к состоянию, когда думают, что невозможно принять на себя бремя веры, и думают, что они понесут веру, иными словами, не видят, как будут человеческими силами носить Ковчег на плечах веры, что относится к аспекту бремя, о чем сказано: Ковчег «на плечах должны они носить» (БЕМИДБАР 7:9).

Однако необходимо знать, что вера поднимает силу в человеке, она поднимает жизненную энергию в человеке – она аспект «живое несет себя». Это значит, что человеческим умом нельзя подходить к этой ступени, которая должна быть отдалена от всех соображений желания получать как в мозгу, так и в сердце, но она дает силу аспекта «живое несет себя», то, что несет человека – аспект «ковчег несет своих носильщиков».

И тогда, если удостоился этого, уже есть у него эта реальность, для него это «находка», потому что он думал, что навсегда останется в положении между небом и землей. А тут он видит, что даже в таком положении тоже есть возможность дать ему вечную жизнь.

227. В катнуте сначала раскрываются гвурот

В катнуте сначала раскрываются гвурот, а потом – хасадим. В то же время в гадлуте сначала раскрываются хасадим, а потом – гвурот.

Катнутом называется [состояние] в начале работы. Человек начинает с гвурот, то есть с преодоления, а потом удостаивается хасадим. А в гадлуте, то есть когда он уже входит в царский чертог и ищет работу, чтобы ему было, что делать, потому что хасадим удовлетворяют его, и сам он не находит никакого хисарона – получается, что это время свойства гвурот.

228. Моше – это свойство веры

Умер Моше – то есть уход веры. Родился Моше – раскрылась вера. То есть то, что становится видно, что есть недостаток веры, приводит к привлечению веры, и это называется, что в нем рождается Моше.

229. Уста свои открывает она с мудростью

«И сказал раби Элиэзер: "Что здесь написано: "Уста свои открывает она с мудростью, и Тора благодеяния на языке ее"» (Мишлэй 31:26). Есть Тора, которая не является благодеянием. Однако Тора «ради Торы» – это Тора благодеяния. А которая «не ради Торы» – эта Тора не является благодеянием. Иными словами, Тора отдачи называется благодеянием, свойством хасадим.

Некоторые говорят, что Тора для обучения – это Тора благодеяния, если не для обучения – это Тора, которая не является благодеянием (Вавилонский Талмуд, трактат Сукка, 49:2).

Необходимо понять, почему, если не обучает других, говорят, что это не является благодеянием. И возможно, что смысл «для обучения» относится к собственному телу, и это не просто учеба, а обучение тела делать всё ради отдачи. Потому называется это Тора благодеяния. И изменение языков: каждый трактует на другом языке смысл утверждения.

230. Ужели я вместо Творца

Сказано в Торе (Берешит, Вайеце 30,2): «И воспылал гнев Яакова на Рахель, и сказал он: "Ужели я вместо Творца, который отрешил от тебя плод чрева?"» Комментарий РАШИ: «Ты говоришь, чтобы я поступил как мой отец. Я не как мой отец! У отца детей не было, у меня же есть дети. Тебе Он отказал, но не мне».

У Ицхака была точная молитва, как сказано: «Ицхак молился Творцу о своей жене, ибо она была бесплодна». И поэтому сказано «о своей жене», но не сказано «о Ривке», ведь у праведников не принято молиться Творцу, чтобы он изменил для них законы природы. Поэтому, как объясняет Книга Зоар, Яаков не мог молиться о ней.

231. Аза и Азаэль

Сказано в Книге Зоар: «Ангелы Аза и Азаэль представляют собой обратную сторону (ахораим) парцуфа Аба ве Има, когда светил в них свет хохма в мире Никудим. Перед грехопадением они были очень устойчивы. Но после грехопадения вернулись в сокрытие, и не могут быть исправлены до окончательного исправления (до Гмар Тикун)».

Получается, что, так как они относятся к свойству ГАР (3 первые сфиры), а до окончательного исправления светит только ВАК света хохма (6 последующих сфирот), то поэтому они не могут быть исправлены. «Лев-эвен» (каменное сердце) относится к исправлению внутренних Абы ве-Имы, к которым относятся Мохин этих ангелов.

232. Что такое «дача взятки» Ситре Ахре

Нужно понять, в чем разница между «вскармливанием клипы» и святостью, то есть между запрещенным действием и тем, что разрешено давать Ситре Ахре, как, например, козел отпущения и т.п.

Сказано в Книге Зоар, что отдают часть Ситре Ахре для того, чтобы она не мешала (в Предисловии, там, где говорится об Аврааме, что он не хотел давать слишком много бедной). И можно объяснить это на материальном примере, когда человек курит, чтобы лучше сосредоточиться, так как тем, что тело получает удовольствие от курения, у него есть возможность сосредоточить свои мысли, и тело не сопротивляется ему. И в этом смысл того, что дает часть Ситре Ахре, чтобы она не мешала.

Но иногда бывает, что человек хочет курить не для того, чтобы тело не сопротивлялось учебе, а он просто хочет получить удовольствие от курения, и это считается «вскармливанием клипы».

233. Вскармливание

Нужно различать две вещи. При вскармливании младенец не может сосать без согласия кормящего, то есть кормящий должен согласиться привести процесс в действие, тогда же как потребность в еде удовлетворяется уже готовыми продуктами, и нужно только достать их. В противоположность этому, при вскармливании низший должен получать свое питание, высасывая его.

А если высший должен помочь низшему сосать, это уже считается хисароном со стороны низшего. И хотя низший должен вытащить свое питание в процессе сосания, но, конечно же, он нуждается в согласии высшего, а иначе, если это происходит поневоле, это не имеет отношения к вскармливанию.

Продукты питания, которые уже произведены, младенец может получить в определенной ситуации и без ведома дающего, а также даже без согласия высшего, тогда же, как при вскармливании младенец не может сосать без ведома дающего, а весь процесс вскармливания происходит совместно с дающим. А в то время, когда его продукты питания отделены от дающего, они уже не являются питанием.

Во вскармливании нужно различать:

- Что наполнение (шефа) всегда приходит вместе с дающим его. А если дающей не присутствует во время получения наполнения, это не считается вскармливанием. Ведь невозможно, чтобы ребенок мог сосать без матери. Тогда как остальные продукты питания могут получать, даже когда хозяин этих продуктов не присутствует рядом с ними.
- Что хотя питательные вещества и присутствуют в молоке матери, но процесс их извлечения происходит вместе с получением наполнения. То есть если молоко матери сочится из нее без того, чтобы младенец получил его, это уже не называется вскармливанием, а именно когда молоко выходит наружу в совместном процессе вскармливания.
- Что наполнение не вытягивается потоком, а лишь капля за каплей, то есть с перерывами, что каждый раз, когда хочет сосать, младенец вынужден тянуть снова, ведь молоко не выходит легко из матери, а лишь капля за каплей. То есть молоко вытягивается только тогда, когда есть желание со стороны родившегося, и тотчас прекращается, и каждый раз он вынужден начинать снова.

234. Существование и поддержка существования

Например, родившийся ребенок – уже живой. И это называется свойством существования. А с другой стороны, мы видим, что вся его жизнь зависит от питания, ведь если ребенку не будут давать необходимого ему питания, он умрет. Получается, что с точки зрения поддержки существования, его всё время нужно поддерживать, как сказано: «Каждый день обновляющий акт творения в доброте Своей»[80].

А что касается зивугов, то есть души с телом, душа называется добрым началом, а тело называется злым началом, и это две противоположности: желание одного – отдавать, а другого – получать. И человеку дан выбор, чтобы он принизил злое начало, чтобы оно изменило свое свойство, и стало «ради отдачи». И этот зивуг Творец совершает в свойстве: «Если Творец не помогал бы ему, он бы не выдержал»[81].

И вопрос был: если Творец создал мир, больше уже нет никакого обновления, а Он лишь поддерживает его? Или же создавались новые миры, как сказали наши мудрецы: «Праведники строят миры каждый день»? В таком случае, Творец не создает новых вещей.

И ответ на это, что и сейчас Он производит зивуги, то есть и сейчас Он создает новые миры и новые души. Однако и это зависит только от нас, ведь нам дан выбор, производить ли зивуги.

---

80 Из молитвы «18 благословений».

81 Трактат Кидушин, 30:2.

Ведь ночью называется время работы, а утром называется [состояние] после работы, когда достигнут результат работы. Тогда был один хромой, другой – слепой[82]. И это, как сказал Раба: «Прошу вас, не наследуйте ад дважды»[83], – ибо злое начало отменяет доброе начало, а доброе начало – злое начало. Потому что нужна помощь Творца, как сказано: «Если Творец не помогал бы ему, он бы не выдержал».

Вопрос был, действительно ли, если Он создал [творение] один раз, больше уже нет обновления творения, а есть только его поддержка. Ответ [состоит в том], что есть обновление с точки зрения душ, и это называется зивугом для порождения новых душ.

235. Формы света

У света, облаченного в душу, не такая форма, как у света до того, как он облачился в эту душу. <Хотя нельзя назвать это сущим из сущего, потому что> свет называется простым, то есть одно свойство, тогда как, когда свет облачается в желание получать, называемое душой, свет уже сложный, то есть состоит из двух свойств: из свойства дающего и свойства получающего одновременно.

И хотя в свете изменения нет, в любом случае по отношению к получающему это называется другой формой, потому там уже сочетаются две формы, как сказано выше.

Например, допустим, человек ест мясо и чувствует вкус мяса, когда оно касается нёба. Хотя вкус, который он чувствует, имеет конкретную форму, полученную от мяса, в любом случае, это не означает, что и у мяса относительно него самого будет тот же самый вкус.

Но благодаря этому сочетанию, когда нёбо касается мяса, происходит такое порождение, исходящее от света, то есть мяса, и от кли, то есть желания, ведь он желает насладиться мясом.

И отсюда можно понять, что нет никакой связи между светом относительно себя самого и светом, облаченным в кли. И о свете сказано: «Мысль не способна уловить его»[84]. Но в любом случае, этот свет облачается в кли <как говорится выше, в примере с едой>.

«Один чужеземец спросил рабби Меира. ...Он сказал ему: "Возможно ли, чтобы тот, о ком сказано: "Ведь небо и землю наполняю Я"[85], – говорил с Моше между двумя шестами ковчега?"

Сказал он ему: "Принеси мне большие зеркала". Сказал он ему: "Посмотри на свое отражение в них". Он увидел, что оно большое. "Принеси мне маленькие зеркала". Сказал он ему: "Посмотри на свое отражение в них". Он увидел, что оно маленькое.

Сказал он ему: "Если ты, смертный, меняешь себя, как захочешь, то Тот, кто сказал, и возник мир, благословен Он, – тем более. Когда Он хочет "ведь небо и землю наполняю Я", а когда хочет, говорит с Моше между двумя шестами ковчега"»[86].

---

82 Ваикра Раба, 4:5. В этом мидраше приводится притча о царе, который поставил сторожить сад слепого и хромого. Хромой забрался на спину слепого, и они съели все плоды.

83 Трактат Йома, 72:2.

84 Тикуней Зоар, л. 121:2.

85 Ирмия, 23:24.

86 Мидраш Раба, 4:4.

Из всего этого следует, что все изменения зависят от келим, как ясно из примера с самим человеком, который принимает разную форму в келим, то есть в зеркалах. Однако в самом человеке нет изменений.

236. Вся земля полна славы Его

Распространяющийся высший свет облачен во всю реальность и называется оживляющим реальность. И он раскрывается во всяких одеждах, имеющихся в мире, иными словами, во всех материальных вещах, видимых нашим глазам. Все это свет Творца между облачениями Торы, то есть в буквах Торы и между букв молитвы, и между разными мелочами. И каждое различие в этом только у получающих, иными словами, у ощущающих.

Есть люди, чувствующие, когда свет Творца облачен только в Тору и молитву. И есть люди, чувствующие свет Творца также в сочетаниях букв, обозначающих всякие пустяки. А есть, которые не чувствуют даже в сочетаниях букв Торы и молитвы, а это свет Творца, по определению наполняющий всю реальность.

Однако после того, как произошло сокращение, что в каббале называется скрытием, люди не чувствуют, что все это распространяющийся свет Творца.

Мера (света), которую дано постичь творениям, называется свет, распространяющийся внутрь ощущения творений. И кроме той части, что Творец хотел, чтобы нижние постигли, мы скажем, разумеется, что «Мысль не постигает Его совершенно».

Но человек должен верить в сокращение – что это только скрытие ради исправления человека. А на самом деле, «Вся земля полна славы Его!» (Йешайа 6:4), то есть нет никакой реальности в мире, кроме духовной, а всё скрытие находится только в ощущении человека.

Поскольку прежде, чем человек подготовлен постичь истину, он должен верить, что истина не соответствует значению его знания и его ощущения, а она находится в соответствии с аспектом: «Глаза у них, но не увидят, уши у них, но не услышат» (Теилим 115). И это только ради исправления, чтобы человек достиг своего совершенства, потому что он чувствует только себя, и не чувствует другую действительность.

Поэтому, если человек возвратит свое сердце, дабы стараться продвигаться в свойстве вера выше разума, с помощью подготовки и исправления себя, то придет к раскрытию лица путем, который приводится в Книге Зоар, когда святая Шхина сказала раби Шимон бар Йохаю: «Некуда скрыться от тебя». Иными словами, во всяких скрытиях, которые чувствовал, он верил, что здесь свет Творца, и это подготавливали, пока он не пришел к раскрытию лица света Творца.

И это дело величия веры, которая выводит человека из всяких низостей и скрытий, если человек укрепляется в этом и просит у Творца, чтобы Он раскрыл себя.

И это просьба, как сказал мой отец и учитель Бааль Сулам: «Уйди, Творец, пока я не возжелаю!» (Песнь Песней, ч. 14). То есть прежде, чем человек готов к раскрытию света Творца, просят Его: «Уйди, Творец», – чтобы Он не раскрывал себя творениям по причине, как было сказано выше, что вопрос скрытия это только исправление творения.

Поэтому человек должен укрепиться и молиться о двух вещах:

Чтобы быть готовым к раскрытию света Творца.

Чтобы Творец дал ему силу укрепиться в свойстве «вера выше знания», так как благодаря этому, он сращивает подготовленные к раскрытию лица келим, о чем сказано:

«Озарит Творец свое лицо к тебе и принесет тебе мир». Как сказано: «Мне будет позволено слышать, что будет говорить Творец, когда Он будет говорить о мире для своего народа, о Его милосердии и о возврате к глупцам.

237. Свойства моха и либа (разума и сердца)

Известно, что желание получать выражается в моха и либа, и благодаря тому, что человек исправляет его, чтобы оно было ради отдачи, он получает возможность получать высшее благо.

И выясним теперь, что такое желание получать в либа (сердце). Сердцем называется свойство желания и стремления к наслаждениям. Поэтому, если человек может исправить свои действия так, что сможет отказаться от разного рода наслаждений, существующих в мире, в том случае, если он видит, что от этого не будет никакой пользы для славы небес, он удостаивается получения истинных наслаждений, потому что теперь их получение не будет ради собственной выгоды.

И на это косвенно указано в стихе: «И оглянулся он туда и сюда, и увидел, что нет никого, и убил египтянина»[87]. И объясняет РАШИ, что он увидел, что ничего хорошего не произойдет из чресл его. То есть он увидел, что от этого египтянина, то есть от этого действия, не будет никакой пользы.

«И убил египтянина» — тем, что не давал наполнить его желание и отклонял его требования. И это называется, что он умертвил действие и мысль этого египтянина, который у него в сердце. Так же и наслаждение разума — только в том, что он делает то, что он понимает. А в той мере, в которой он делает вещи, противоречащие его разуму, когда разум заставляет его [думать] иначе, его страдания измеряются мерой противоречия его разуму.

А когда человек идет выше разума, в этом случае, когда ему дадут разум, вынуждающий его делать всю его работу, он может сказать, что принимает всё это ради отдачи, ведь со своей стороны, он может отказаться от этого разума.

И тогда он может удостоиться свойства света веры, ведь он может отказаться [от наслаждений], и намерение его не ради себя. И доказательство — что он делает всё, даже если это против разума. Как бы то ни было, он способен получить свет веры, и может быть уверен, что намерение его — отдавать.

Тогда как если он не может работать в свойстве веры, а может делать только то, что заставляет [делать] разум, то есть [действовать] в согласии с желанием получать, он автоматически остается в сокращении. Поэтому нужно два вида работ, то есть моха и либа.

238. Радость жениха и невесты

Мы собрались тут, чтобы принять участие и насладиться радостью жениха. И человек обязан радовать жениха, как сказали наши мудрецы: «Наслаждающийся трапезой жениха и не радующий его [преступает заповедь о пяти голосах]»[88].

---

87 Шмот, 2:12.

88 Трактат Брахот, 6:2.

И вот в «семи благословениях»⁸⁹ мы благословляем: «Радующий жениха и невесту». Если Творец радует жениха и невесту, в таком случае и мы тоже обязаны участвовать в радости и также радовать жениха и невесту. Наши мудрецы сказали: «Наслаждающийся трапезой жениха и не радующий его», — то есть они постановили, что нужно радовать жениха. А что касается невесты, мы видим, что мудрецы обсуждали вопрос, «как танцуют перед невестой»⁹⁰, и сказали: «Невеста прекрасная и милая»⁹¹.

И следует понять, почему именно танец связан с невестой. И вообще надо понять, что такое танец. Мы видим, что в танце есть подъемы и падения, и обращение на четыре стороны света (букв. четыре ветра мира), однако в конце [танца участники] остаются стоять на земле.

Жених указывает на Творца, как сказано: «В день его свадьбы, и в день радости сердца его»⁹², — и как сказано: «И сошел Творец на гору»⁹³, — что означает снижение уровня.

Невестой называется Кнесет Исраэль. А во время свадьбы, указывающей на высший корень, нужно знать, что даже если все четыре ветра мира захотят сдвинуть общину Исраэля, даже после всех падений они останутся на своем месте.

Поэтому говорят, что «невеста прекрасная и милая», то есть она пребывает в состоянии красоты, и нет у нее, не дай Бог, состояния низости. И не говорят, как сказано, что сейчас она в изгнании, а пробуждают радость, которая наступит в Гмар Тикуне.

И радость от танца подобна грустной мелодии, от которой люди получают наслаждение, ибо эта мелодия образно представляет собрание страданий, время которых уже прошло, и сейчас мы уже наслаждаемся выгодой, полученной от этих страданий. Так же и в танце присутствует радость от того, что прошло после всех подъемов и падений, и как бы то ни было они по-прежнему крепко стоят на своем месте.

Мы собрались здесь, чтобы порадовать жениха и невесту, как сказано в «Семи благословениях»: «Благословен Ты, Творец, радующий жениха и невесту». И если мы видим относительно Творца, что Он радует жениха и невесту, мы тоже обязаны участвовать в этой радости.

Что касается жениха, мы находим: «Наслаждающийся трапезой жениха…»⁹⁴, — то есть следует радовать жениха, но не сказано чем. А по поводу невесты мы находим, что мудрецы обсуждали «Как танцуют перед невестой?»⁹⁵, и также сказали: «Невеста прекрасная и милая»⁹⁶, согласно школе Гиллеля, а не невеста «такая, какая она есть» [согласно школе Шамая].

---

89 Благословения, произносимые во время церемонии бракосочетания.

90 Трактат Ктубот, 16:2.

91 Там же.

92 Песнь песней, 3:11. Выходите и поглядите, дочери Циона, на царя Шломо, на венец, которым венчала его мать его в день его свадьбы, и в день радости сердца его.

93 Шмот, 19:20. И сошел Творец на гору Синай, на вершину горы, и призвал Творец Моше на вершину горы, и взошел Моше.

94 Трактат Брахот, 6:2.

95 Трактат Ктубот, 16:2.

96 Там же.

И дело в том, что женихом называется Творец, от слова «сниженный по уровню»[97], как сказано: «И сошел Творец на гору»[98]. Невестой называется община Исраэля. Со стороны Творца никаких изменений нет, как сказано: «Я, Авая, не менялся»[99]. А все изменения происходят со стороны получающих, то есть общины Исраэля, поскольку к ним относятся подъемы и падения, то есть время изгнания и время избавления.

И мы обязаны сказать, что управление Творца происходит в свойстве «Добрый, Творящий Добро», «Всё, что делает Милосердный, Он делает во благо»[100], «и это тоже на благо». Получается, что во время танцев, когда происходят изменения, следует сказать: «Невеста прекрасная и милая». И это вне сомнения по ее конечному состоянию, то есть, совершая материальную заповедь, мы пробуждаем наверху [ее] корень, свойство единения, относящееся к Гмар Тикуну. И этому следует радоваться.

239. Состояние вдовца

«И возгорится гнев Мой, и убью вас мечом, и будут жены ваши вдовами, а сыновья ваши сиротами» (Шмот 22:23).

«Сказал раби Элиэзер: "Смысл сказанного: возгорится гнев Мой и убью вас". Знаю я, что их жены – вдовы, а дети – сироты, однако, то, что Талмуд говорит: "и будут ваши жены" учит, что их жены хотят выйти замуж, но нет полагающихся на них, а их сыновья хотят распоряжаться состояниями отцов, но не позволяют им».

И разъяснил РАШИ: Это значит, что пойдут в плен. Если так, будет там два проклятия:
- меч,
- плен. Вследствие того, что пойдут в плен, не будет известно, живы ли их владельцы, как в случае с сыновьями, могут ли они распоряжаться состояниями отцов (Вавилонский Талмуд, Бава меция 38:2).

И нужно понять через духовную работу, что из-за того, что человек сходит с пути Творца, он попадает в плен к нечистым силам, которые властвуют над человеком и не позволяют выйти из-под их власти. И дело в том, что тогда невозможно человеку заниматься Торой и заповедями, так как нечистые силы господствуют над ним.

Итак, когда человек идет дорогой истины, основываясь на вере, о чем сказано: «Кто найдет жену добродетельную?» (Книга Мишлей, 31:10), – обнаруживается, что человек питает Шхину. Как сказали мудрецы: «Израиль питают их небесного Отца», – потому что занятие Торой и заповедями ради неба называется «питанием для Творца». И об этом сказано: «Жертву – Мне, хлеб – Мой» (БЕМИДБАР 28:2).

И тогда человек постигает понимание и знание святости в Торе и заповедях, как написано: «Ты одарил человека знанием и обучаешь человека пониманию» (Молитва Восемнадцати).

Поэтому, в то время, когда годы как исправления, тогда есть у человека «жена и сыновья». Однако в то время, когда человек наносит ущерб вере, обнаруживается, что

---

97 Слово «хатан» (жених) состоит из тех же букв, что «нахут» (сниженный).

98 Шмот, 19:20. И сошел Творец на гору Синай, на вершину горы, и призвал Творец Моше на вершину горы, и взошел Моше.

99 Малахи, 3:6.

100 Трактат Брахот, 60:2.

«человек» убит, а он остался только в категории «животное», иными словами, что нет у него намерения большего, чем достичь животного вожделения.

Получается, что «жена» находится в состоянии вдовы, потому что качество человек – имеется в виду ее муж и дающий веру – убито. Но нет полагающихся на них, поскольку он идет в плен к нечистым силам, и поэтому не известно, что он убит.

Поэтому, даже несмотря на то, «что их жены хотят выйти замуж», нет полагающихся на них. Иными словами, святая Шхина хочет снова соединиться с каждым из них, и хочет дать каждому обдумать возвращение, и это смысл слов «хотят выйти замуж», и нет полагающихся на них. Это происходит, поскольку сам человек не хочет снова присоединиться к святости, из-за того, что он в плену у нечистых сил.

Иначе было бы, если бы он не шел в плен, а был бы убит достоверно, и был в свойстве «злодеи при жизни называются мертвыми», то, в конце концов, был бы в состоянии дать отчет себе самому, чем это закончится.

И тогда он слышит от святой Шхины мысли о возвращении, что в каббале называется призыв и пробуждение, пришедшие к человеку сверху, и об этом сказано, что «их жены хотят выйти замуж», но этот человек не хочет.

И даже, когда получает пробуждение и чувствует в нем наслаждение, он не пробуждается вследствие этого к чувству веры, а получает наслаждение, пришедшее вместе с пробуждением, но не берет это пробуждение, чтобы исправить свои действия, то есть, постараться, чтобы его действия были ради неба.

И из тех же соображений также и сыновья не могут войти в состояния их отцов, поскольку понимание и знание основываются только на действиях, когда они ради неба, тогда есть в этом аспект «Тайны Торы». Но не так, если не входят, то есть, если не учат Тору «ради Торы».

240. Различия в состояниях

Рабом называется сила отдачи. Рабыней называется сила получения. Зивугом называется то, что соединяет силу получения и силу отдачи, то есть, чтобы было получение ради отдачи. Порождением называется то, благодаря чему мы удостаиваемся души, которая является божественной частью свыше, то есть человек так ощущает.

Пресвятым Благословенным называется вызывающий зивуг, то есть Творец (Пресвятой Благословенный) помогает тому, чтобы сила получения подчинилась силе отдачи, и дает ему возможность быть получающим ради отдачи.

Человеком называется совершающий зивуг, то есть [если это] во власти человека, без помощи Творца, и от этого зивуга не выходит никакого порождения, потому что они не могут соединиться, поэтому один становится хромым, а другой – слепым, как сказал Раба: «Прошу вас, не наследуйте ад дважды»[101].

«Если муж и жена удостоились, Шхина пребывает между ними»[102]. И можно спросить: но ведь они противоположны, как же между ними возможен мир?

Однако именно когда человек становится достойным, то есть когда изменяет получение на отдачу, что называется получением ради отдачи, между ними возникает мир. Иначе они в конфликте, или один из них подчинен другому. А подчинение не называ-

---

101 Трактат Йома, 72:2.

102 Трактат Сота, 17:1.

ется совершенной любовью, ведь подчинившийся всегда ожидает, когда у него снова будет сила власти.

241. При исчезновении нечестивых – торжество

«При исчезновении нечестивых – торжество» (Мишлэй, 11:10), именно в то время, когда человек удостаивается того, что его злое начало пропало, нужно славить Творца, то есть, нужно верить, что Творец помог ему этим.

242. Сравнение свойств

Так же, как есть радость у Высшего от того, что дает низшему, также должна быть радость у низшего, что дает Высшему. Это и есть единение по свойствам.

Поэтому, если низший получает от Высшего только тогда, когда наслаждение его от отдачи Высшему (это называется сравнением свойств), – все его удовольствие от того, что дает. И это называется «как Он милосерден, так и ты милосерден».

243. Найти притягательную силу

Человек должен знать, что ему нужно очиститься до ощущения притягательной силы святости. А без нахождения притягательной силы нельзя сделать ничего, что не было бы ради получения вознаграждения, как было сказано: «Как танцуют перед невестой, школа Шамая говорила: "Невеста – как она есть", – а школа Гилеля говорила: "Невеста красивая и скромная"» (Ктубот 16:2).

244. Возвращение

Вначале Адам (Адам Ришон, Единая душа) находился в слиянии с Творцом, а затем отдалился вследствие грехопадения. И теперь каждый, вследствие того, что он частичка общей души, должен вернуться вновь в прошлое состояние, приблизив себя к Творцу. И это называется «возвращение».

245. Помощь Творца

Если Творец не поможет ему так или иначе, он останется навсегда в своей слабости. И не будет выполнено в нем: «Если же нет, Творец помогает ему, он не может». В каббале: «Творец закончит вместо меня».

Но весь мир снабжает его, и он будет всегда зависим от людей. Иначе обстоит дело у идущих путем Творца, а не путем (нашего) мира, тогда человек заслуживает найти милость в глазах Творца.

И это говорится именно о тех, кто нуждается в помощи Творца, как написано: «Пришедший очиститься – помогают ему» (Вавилонский Талмуд, раздел Шаббат (104:1). Комментарий на это в Книге Зоар: «Чем?» – «Душой». Так Творец дает ему нефеш святости. И с этой силой он может очистить себя.

А вот разъяснение: «Заслужил больше – поймет до уровня руах», иными словами, каждый раз он хочет быть чище, то есть более очищенным. И сила помощи ступени «нефеш» недостаточна ему, только лишь для очищения, что, как он думает, недоставало ему перед тем, как он получил нефеш святости.

Тогда как после того, как получил нефеш святости, он чувствует, что есть у него еще место работать в работе очищения, и сила помощи, которую он получил, недостаточна ему, чтобы перевесить очищенную сторону. Поэтому он молится и снова просит помощь с неба.

Тогда в этом положении, обязаны дать ему силу еще большую, чем дали ему когда-то давно. Поэтому дают ему сейчас ступень «руах». И так далее, пока не дадут ему весь НаРаНХаЙ, который имеется в его душе.

246. По поводу шекелей (2)

Следует понять, что такое шекели, являющиеся одной из вещей, в которых Моше испытал затруднение. У РАШИ сказано: «Он показал ему [то есть Моше] подобие огненной монеты весом в половину шекеля и сказал ему: "Такую пусть дают"»[103]. И следует понять, почему затруднение Моше было больше, чем с остальными вещами. И нужно понять это – ведь Тора вечна, почему же именно в это время говорится о шекелях. И кроме этого, почему именно половина шекеля.

Половиной шекеля называется «раскол гальгальты». В Книге Зоар сказано: «И каждая гальгальта дает плату за свечение белизны Атик Йомину, когда они пересчитываются под жезлом. И против этого раскол гальгальты снизу, когда они пересчитываются»[104].

А мой господин, отец и учитель объяснил, что гальгальтой называется начало. Расколом называется разбиение. Белизна означает белое, то есть свойство веры и слияния. И это смысл слов «дает оплату за белизну», то есть свойство слияния с Атик Йомином.

И чтобы объяснить его слова, [вспомним], что Тора написана черным огнем по белому огню[105]. Черное – это время скрытия и судов, которые, как кажется человеку, мешают работе Творца. Ведь когда к человеку приходят чуждые мысли, они не дают ему прилагать силы и усилия в работе, и он, не дай Бог, приходит к неверию и отделяется от слияния с Творцом. И это состояние называется временем черноты[106].

А когда он пересиливает свое состояние и притягивает высший свет, это называется «светлое» и свойство белого. И получается, что благодаря тому, что у него есть скрытия,

---

103 Шмот, 30:13, комментарий Раши.

104 Книга Зоар, Насо, Идра Раба, п. 20.

105 Мидраш Танхума, Берешит, 1. А Тора как была написана? На белом огне черным огнем.

106 Букв. рассвета.

называемые чернотой, он нуждается в притяжении высшего света. Выходит, что это является причиной того, что он удостаивается высших ступеней.

По поводу половины шекеля: почему они давали не целый шекель, а именно половину. В Книге Зоар объясняется, что половина означает «богатый не умножит, а бедный не уменьшит от половины шекеля»[107]. В комментарии Сулам выясняется, что на каждой ступени есть левая и правая часть, а шекель – это свойство весов, чтобы взвешивать («лишколь», от слова «шекель»), чтобы не было хасадим больше хохмы, и хохмы – больше хасадим (см. там)[108].

А можно понимать это и в простом смысле, то есть известно, что человек не сделает ни одного движения, не взвесив свою выгоду – заработает ли он что-нибудь – тогда у него есть силы сделать движение, а иначе он находится в состоянии покоя.

А когда человек хочет сделать какое-либо движение ради отдачи, если он начинает взвешивать его выгоду, тело сопротивляется, потому что не видит, что оно может выиграть, работая ради отдачи.

И тогда у него нет другого способа, кроме молитвы, как сказали наши мудрецы: «Молитва делает половину»[109], – ибо об этом говорится, что Творец помогает нам, как объясняют мудрецы: «Если Творец не помогал бы ему, он бы не выдержал»[110]. Получается, что человек может дать только половину, то есть молитву. А вторую половину дает Творец.

Поэтому сказано: «Богатый не умножит», – тот, кто богат знанием и хорошими качествами, не может сделать ничего кроме молитвы, ибо без помощи Творца он не выдержит.

А бедный – тот, у кого нет разума и знания, и хороших качеств – не уменьшит от вознесения молитвы. То есть в этом все равны, то есть всем нужно, чтобы Творец помог, чтобы мы могли сделать какое-либо движение ради отдачи. Поэтому нужно давать только половину шекеля, то есть после того как он взвесил в своем разуме, что он хочет сделать действие на отдачу, он должен дать половину, то есть молитву, поскольку «молитва делает половину».

247. Выворачивающий свое платье

«И сказал рабби Йоханан: «Кто такой мудрец[111], которому возвращают потерю по его признанию? Тот, кто следит, чтобы его платье было вывернутым[112]»[113].

И следует понять, почему именно за это качество ему возвращают [потерю], ведь отсюда следует, что даже если он разбирается во всех аспектах Торы и исполняет все заповеди, в любом случае, если у него нет этого свойства, ему уже не возвращают. И,

---

107 Шмот, 30:15.

108 Книга Зоар, Ки-тиса, п. 4.

109 Ялкут Шимони, Ваикра, 8, симан 512.

110 Трактат Кидушин, 30:2.

111 Талмид-хахам.

112 В материальном плане речь идет о том, что некоторые носили одежду швами наружу.

113 Трактат Шаббат, 114:1.

кроме того, мы видим, что к этому свойству люди на рынке относятся строже и не выворачивают свое платье [наизнанку].

И следует понять это в смысле морали. Известно, что душа облачена в тело, то есть тело является платьем души. А тело означает желание получать, и это та природа, с которой человек создан. И когда мудрец следит, чтобы его платье было вывернуто, то есть переворачивает желание получать на «ради отдачи», тогда ему могут вернуть его потерю, потому что его ни в чем нельзя заподозрить.

Ведь подозрение может возникнуть там, где у него есть желание получать, — тогда можно сказать, что он обманывает и хочет взять потерю себе. Тогда как, если всё желание его — только на отдачу, ему уже можно давать всё, потому что он, несомненно, не обманывает.

А возврат потери можно объяснить, как сказали наши мудрецы: «Кто называется глупцом? Тот, кто теряет то, что ему дают»[114]. А «дают» означает, что свыше ему дают некоторое пробуждение и вкус в Торе и заповедях, а потом у него пропадает всё пробуждение свыше, которое было.

А причина этого в том, что он глупец, как сказали мудрецы: «Человек не совершит преступления, если в него не вошел дух глупости»[115].

А глупость заключается в том, что человек не приводит в соответствие свои действия так, чтобы они по своей форме были в подобии Творцу, а вместо этого он желает получать все наслаждения, которые есть в мире, ради собственного удовольствия. И из-за этого он становится отделенным от Творца, и у него автоматически исчезает свойство святости, которым он обладал. И такой человек называется недоброжелателем (букв. человек с дурным глазом).

Однако по признанию потери (букв. по отпечатку глаза) ему ее возвращают. А свойство «отпечаток глаза» происходит от слов: «доброжелательный («добрый глазом»)[116] будет благословлен»[117]. А мера «доброго глазом» — что он следит, чтобы платье его было вывернуто, то есть он переворачивает тело, которое называется желанием получать и является платьем души, на желание отдавать. Тогда ему возвращают его потерю, то есть он снова удостаивается духа святости.

248. Услаждающий субботу

«Каждый услаждающий субботу получит наследство без границ» (Вавилонский Талмуд, трактат Шаббат 118:1). Необходимо понять, что такое суббота, которую нужно услаждать. Иными словами, разве суббота это какой-то субъект, что может получать наслаждения, которые должны даваться ему?

«Шесть дней может совершаться работа, а седьмой день да будет свят для вас» (Шмот 35:2). Что это такое, шесть дней работай? Смысл такой, что после шести дней работы приходит суббота, которая является святостью. А поскольку, если нет шести дней работы, не может быть седьмой день святым, подобно: «Кто не трудился накануне субботы — что будет есть в субботу?» (Вавилонский Талмуд, трактат Авода зара, 3:1).

---

114 Трактат Хагига, 4:1.

115 Трактат Сота, 3:1.

116 Здесь обыгрывается схожее звучание выражений «твиат аин» и «тов аин».

117 Притчи, 22:9.

249. Согрешу и раскаюсь

«Говорящему: "Согрешу и раскаюсь", – не дают возможности совершить раскаяние»[118]. Вопрос: почему?

Мы находим, что о Машиахе Писание говорит: «И исполнит Он его духом трепета перед Творцом»[119]. И нужно понять, почему трепет перед Творцом сравнивается именно с духом.

Мы видим, что человек всегда должен вдыхать дух [то есть воздух], иначе он расстанется с жизнью. И этот воздух должен [двигаться] туда и обратно, то есть после того как он вдохнул воздух в свое тело, он должен выпустить его наружу, и тут же снова набрать новый воздух. А воздух, который он вдохнул до этого, помогает ему только на время. И если он хочет продолжать свое существование, он тут же обязан вдохнуть новый воздух.

Так же и с духовным воздухом, который называется «трепет перед небесами». Каждый раз надо заново принимать на себя трепет перед небесами, то есть того, что он до этого принял на себя ярмо высшей малхут, достаточно только на время.

И если он хочет продолжать духовное существование, называемое верой, он должен заново принять на себя получение ярма высшей малхут. И этого тоже достаточно только на этот момент, и сейчас же после этого он должен снова «вобрать» [новую меру].

И он не должен ждать, пока у него исчезнет мера веры, которую он принял на себя, а должен всё время привлекать на себя веру всё снова и снова. И пока вера еще пребывает над ним, он должен заново вбирать трепет перед небесами, точно так же как это делается при вдыхании воздуха в материальном. Ведь человек не ждет, пока из него выйдет весь воздух, находящийся в его теле, чтобы вдохнуть новый воздух, а всякий раз возобновляет дыхание, то есть он сменяет воздух, в то время как предыдущий воздух всё еще действует.

Так же и с духовным воздухом – он тоже должен сменить тот духовный воздух, который у него есть. Несмотря на то, что сам он чувствует, что он еще может держаться с тем уровнем веры, который у него есть, в любом случае он должен принять [ее] на себя заново. А если он так не делает, он, в конце концов, лишится жизни, точно так же как человек лишается своей материальной жизни, если не вдыхает новый воздух. И это смысл слов: «И исполнит Он его духом трепета перед Творцом»[120].

Так же и в духовном: если он не принимает на себя веру снова и снова, он становится мертвым. И хотя он и не чувствует, что умер, это подобно человеку, который, умерев, не ощущает этого. И только ожив, он знает, что до этого он был мертв.

Так же и в духовном: когда он не сменяет веру, он считается мертвым, однако в духовном он этого не ощущает. А когда он снова принимает на себя ярмо веры, считается, что он ожил, и это состояние воскрешения из мертвых, новое перевоплощение, хотя сила тела еще не пропала и не ушла.

Согласно этому выходит, что если человек готов хоть на одно мгновение отказаться от ярма веры, это подобно тому, как если бы он был готов на одно мгновение отказаться от материальной жизни. И как человек не в состоянии отказаться от нее, так же

---

118 Трактат Йома, мишна, 8:9.

119 Йешая, 11:3.

120 Йешая, 11:3.

не способен он отказаться и от духовной жизни. Согласно этому получается, что тот, кто согрешил, мертв, а если он совершил раскаяние, это уже совершено другой человек, ибо это не тот же самый человек, а новое творение.

И это смысл слов: «Говорящему: "Согрешу и раскаюсь"»[121], – что означает, что если он согрешил, он считается мертвым. Поэтому это называется: «Не дают возможности совершить раскаяние»[122], – ибо он умер тут же на месте. А тот, кто совершает раскаяние, уже считается новым телом, то есть новым перевоплощением.

250. В ком есть трепет перед Небесами (1)

«Сказал рабби Хельбо: «Сказал Рав Хуна: "В ком есть трепет перед Небесами, слова его будут услышаны", – как сказано: "В конце всего всё будет услышано: Творца бойся и заповеди Его соблюдай, потому что в этом – весь человек"»[123]»[124].

И можно спросить: но ведь мы видели многих великих, поддерживавших Исраэль, слова которых не были услышаны. И, кроме того, какое доказательство есть словам: «В конце всего всё будет услышано…»?

И следует объяснить это согласно морали, что в этом стихе говорится о самом индивиде, ибо, если человек видит, что органы не слушаются его, и сколько бы он ни занимался Торой и [духовной] работой, он в любом случае стоит на прежнем месте, и ни на йоту не двигается в лучшую сторону. Тогда мудрецы дают нам понять, какова причина этого.

И они говорят нам, что причина только в том, что ему недостает трепета перед небесами, то есть когда у него будет трепет перед небесами, все органы будут слушаться его.

И на это указывает стих: «В конце всего», – ведь тело называется «концом всего», поскольку оно является границей, как сказано: «Конец человека – смерть»[125], – тогда как у духовного никакого конца нет. И это смысл слов: «<u>В конце</u> всего всё будет услышано», – то есть в конце он будет услышан, то есть органы станут слушаться его, когда у него будет трепет перед небесами. И это смысл слов «Творца бойся», и тогда удостоишься того, что всё будет услышано.

«А когда заболел рабби Йоханан бен Закай, пришли ученики навестить его… Сказали они ему: "Учитель, благослови нас!" Ответил он им: "Да будет желание [Творца], чтобы был у вас ужас перед небесами такой, как ужас пред людьми". Сказали ему ученики: "И только?" Сказал он им: "Дай то Бог! Знайте: когда человек совершает преступление, он говорит: "Только бы не увидел меня [ни один] человек!"»[126]

И следует спросить: в чем был их вопрос – что они не понимали, пока полностью не удовлетворились тем благословением, которое он им дал? И что поняли они больше из примера человека, совершающего преступление, так что после примера уже согласились и поняли, что этого благословения для них достаточно, и не нужно большего

---

121 Трактат Йома, мишна, 8:9.

122 Там же.

123 Коэлет, 12:13.

124 Трактат Брахот, 6:2.

125 Трактат Брахот, 17:1.

126 Трактат Брахот, 28:2.

благословения. И кроме того следует понять значение слова «знайте», а также значение выражения «И только?»

Мой господин, отец и учитель говорил, что есть два вида трепета:
- боязнь греха,
- трепет перед небесами.

Это означает, что есть люди, соблюдающие Тору и заповеди из-за боязни греха, то есть иначе он мог бы впасть в грех. А иногда бывает, что человек уже не боится, что впадет в грех, то есть он уже очистил свои дела, чтобы все они были ради небес. Но в любом случае он соблюдает Тору и заповеди из-за небес, то есть из-за заповеди Царя, желание Которого таково, и потому он всё соблюдает.

Боязнью греха называется, что он соблюдает всё только лишь ради себя, то есть его причина – ради себя. А трепетом перед небесами называется, когда его причина – ради Небес, то есть он соблюдает Тору и заповеди, потому что таково желание Творца.

А когда он соблюдает Тору и заповеди только ради небес, соблюдать Тору и заповеди тяжело, ибо он не понимает необходимости этого, как сказал царь Шломо: «Не умножай... я умножу...»[127].

И отсюда мы можем объяснить вышеприведенное высказывание [учеников], сказавших: «И только?», – то есть они думали, что говоря им, чтобы у них был ужас пред небесами, как ужас пред людьми, он имеет в виду, что трепет перед небесами у них будет, как ужас человеческий, что означает боязнь греха, то есть соблюдение Торы и заповедей ради самого человека, чтобы человек не грешил.

Поэтому они спросили: «И только?», – то есть большей ступени трепета достичь невозможно? И на это он ответил им примером, что если человек совершает преступление, он говорит: «Только бы не увидел меня [ни один] человек!» То есть он боится, что если кто-нибудь увидит, он может передать это властям[128], и страх его настолько силен, что он не совершит преступление, если кто-нибудь увидит.

Поэтому рабан Йоханан бен Закай сказал им: «Знайте, что я имею в виду внутреннюю сторону вещей, ибо то, что я благословляю вас "Да будет желание [Творца], чтобы был у вас ужас пред небесами такой, как ужас пред людьми" - есть высокая ступень».

И он сказал им: «Дай-то Бог!» – чтобы вы дошли до этого. И он имел в виду, чтобы над ними пребывал ужас перед небесами, то есть чтобы соблюдение Торы и заповедей было бы [у них] только ради небес. А ради вас самих [у вас] уже не будет никакого страха, что может быть, вы впадете в грех, – ведь вы уже будете уверены в себе, что нет никакой возможности впасть в грех. А то, что вы соблюдаете Тору и заповеди, – это только из-за небес, ибо такова воля Творца. Как бы то ни было, этот страх перед небесами будет подобен ужасу пред людьми.

И это означает, что как с ужасом пред людьми вы точно знаете, что нужно соблюдать и устанавливать разные строгости, чтобы ни одного мгновения не проходило без трепета, так как вы стоите на страже без каких-либо послаблений, а вы наоборот, устанавливаете разные строгости в отношении трепета перед людьми. Так же и с трепетом

---

127 Трактат Санедрин, 21:2. Сказано: «Пусть не множит себе жен» (Дварим, 17:17). Сказал Шломо: «Я умножу и не уклонюсь сердцем». И сказано: «И было, в пору старости Шломо жены его склонили сердце» (Царей 1, 11:4). И сказано: «Пусть не множит себе коней» (Дварим, 17:16). И сказал Шломо: «Я умножу, но не приведу к возврату [Исраэля в Египет]». И сказано: «Колесница из Египта доставлялась за 600 шекелей» (Царей 1, 10:29).

128 Букв. малхут.

перед небесами – у вас будет такой же страх, чтобы ни одного мгновения не прошло у вас без такого трепета.

И поэтому «Дай Бог!» – это, наоборот, очень высокая ступень, когда весь трепет будет из-за Творца, и как бы то ни было, страх и соблюдение будут подобны трепету перед людьми.

251. По поводу миньяна[129]

«Сказал рабби Йоханан: "Когда Творец приходит в дом собрания и не находит там десять [человек], Он тут же гневается, как сказано: "Почему приходил Я – и нет ни одного человека, звал Я – и никто не отвечает?"[130]»[131]

И следует спросить: «А что же делать? Нужно ли ждать на улице, пока не соберется десять человек, и после этого входить в дом собрания?»[132]

Какое доказательство есть в этом стихе, что нужно именно десять?

Кроме этого, следует понять слова мудрецов: «Сказал рабби Йеошуа бен Леви: "Идущий по пути, если нет у него сопровождения («левая»), должен заниматься Торой, как сказано: "Потому что это – прекрасный венок («левая») для головы твоей""[133]»[134]. И следует понять, что означает, что когда выходят в путь, требуется сопровождение, а если у него нет сопровождения, занятия Торой помогут ему, как будто у него есть сопровождение.

Известно, что человек был создан с желанием получать, и это отделяет его от слияния с Творцом, ведь именно благодаря подобию по форме, называемому желание отдавать, удостаиваются слияния с Ним.

А сопровождением называется слияние, как сказано: «идущий по пути», – то есть тот, кто идет по пути Творца, но еще не удостоился слияния с Ним, «должен заниматься Торой», благодаря которой он удостоится слияния с Творцом. Как сказали наши мудрецы: «Всегда обязан человек заниматься Торой и заповедями, даже если в "ло лишма"»[135], – ибо «свет в ней возвращает к источнику»[136].

А что касается молитвы, известно, что главное, о чем следует молиться – это об изгнании Шхины, которая называется малхут и является десятой из десяти сфирот, и означает веру в управление Творца – что Он управляет миром свойством «Добрый, Творящий Добро».

Но невозможно увидеть доброту Творца, до того как человек исправит свое желание с получения ради себя, ибо на свойстве желания получать пребывает сокращение, являющееся скрытием управления Творца.

---

129 Десять человек, собирающихся для молитвы

130 Йешая, 50:2.

131 Трактат Брахот, 6:2.

132 Традиционно это словосочетание переводится как «синагога».

133 Притчи, 1:9.

134 Трактат Эрувин, 54:1.

135 Трактат Псахим, 50:2.

136 Мидраш Раба, Эйха, Предисловие, п. 2.

И потому сказали наши мудрецы: «Вы называетесь человеком, а не народы мира»[137], – ибо всё намерение их – только в получении ради себя.

И это смысл слов: «Когда Творец приходит в дом собрания и не находит там десять», – то есть чтобы там был кто-то, кто молится за свойство «десять», то есть за Шхину, чтобы она поднялась из своего изгнания, ибо занимаясь желанием отдавать, мы поднимаем Шхину из праха. Однако, когда каждый беспокоится о своих личных нуждах, «Творец гневается».

И он [то есть рабби Йоханан] приводит доказательство из стиха, в котором сказано: «Почему приходил Я – и нет ни одного человека?»[138], – кто беспокоился бы о потребностях, относящихся к свойству «человек», а [каждый] волнуется только о наполнении потребностей, относящихся к животному. Вместо этого человек должен постоянно давать себе отчет, для кого он тратит свое время, и ради кого он утруждает себя – ведь он не должен беспокоиться ни о чем, кроме как об общей потребности.

252. Разбитое сердце

«Сердце разбито и подавлено, Творец, презирать не будешь» (Псалмы, 51:19). «Исцеляет сокрушенных сердцем» (Псалмы, 147:3).

Смысл «разбитого сердца» в том, что его сердце не в мире с Творцом, как написано в Предисловии к ТЭС (пункт 129). И если он сожалеет о том, что сердце не в мире с Творцом, значит, есть у него сосуд, называемый потребность. И тогда Творец наполняет потребность.

253. Не вкушай хлеба недоброжелателя

«И сказал рабби Йеошуа бен Леви: "Всякий, наслаждающийся у недоброжелателя нарушает запрет, как сказано: "Не вкушай хлеба недоброжелателя, ибо как он думает в душе своей, таков он и есть: "Ешь и пей", – скажет он тебе, но сердце его не с ним""[139]»[140].

И следует понять это согласно морали. Ибо на первый взгляд, если товарищ приглашает его на трапезу, какая нам разница? Ведь существует правило, и в нескольких местах сказано «вынуждают его», и тогда сердце его, несомненно, не с ним [то есть несогласно], но, говорят, на самом деле сердце его в порядке.

В таком случае тут, когда он приглашает его своими речами, почему же должно быть запрещено есть у него? До такой степени, что [рабби Йеошуа бен Леви] говорит, что он нарушает запрет, а рав Нахман бар Ицхак говорит, что он нарушает два запрета[141].

Но дело в том, что [это работает] согласно правилу, что человек обязан достичь ступени получения ради отдачи, то есть когда человек получает все наслаждения только ради отдачи Творцу. Поэтому тот, кто ест у другого и знает, что хозяин наслажда-

---

137 Трактат Евамот, 61:1.

138 Йешая, 50:2.

139 Притчи, 23:6-7. Талмуд несколько изменяет цитату: в притчах «сердце его не с тобой».

140 Трактат Сота, 38:2.

141 Там же.

ется этим, поступает согласно цели творения, означающей, что человек должен прийти к совершенству.

Иначе с тем, кто ест и невозможно, чтобы его намерение было насладить хозяина, потому что хозяин не наслаждается от того, что он ест [у него], поскольку хозяин – недоброжелатель. Поэтому это идет вразрез с целью [творения], и потому есть у него запрещено.

254. Работа означает «вера»

«Велика та работа, которой занимались все пророки, ибо Шхина не пребывала над Исраэлем, пока они не сделали ее»[142]. И следует объяснить, что работой называется вера (см. высказывание мудрецов: «Велика работа несущая уважение [совершающему ее]»[143]).

255. Слова мертвого

«В присутствии мертвого можно говорить только слова мертвого»[144]. Это означает, что когда перед ними лежит мертвый, говорят только слова, связанные с ним. И РАШИ объясняет: «Поскольку все должны говорить их, а мертвый молчит, и ты будешь по отношению к нему: "Издевающийся над бедным хулит Творца своего"[145]»[146]. «Сказал рабби Аба бар Кахана: "Нельзя произносить только слова Торы, а в обыденных вещах для нас ничего нет"». А некоторые говорят: сказал рабби Аба бар Кахана: нельзя произносить даже слова Торы, тем более – обыденные вещи»[147].

И это непонятно – почему должен быть запрет говорить обыденные вещи, ведь тут нет обязанности говорить обыденные вещи.

И следует понять это в плане морали. Мертвым называется человек во время падения, и тогда он относится к свойству: «Грешники при жизни своей называются мертвыми»[148]. И тогда, когда ему говорят слова Торы, принадлежащие другим, чтобы он пробудился и вернулся к работе, это бесполезно. И это называется «издевающийся над бедным», потому что он не приходит в волнение от того, что другие произносят Тору.

Однако если ему говорят «слова мертвого», то есть то, что он сам говорил, будучи в состоянии подъема, что называется, «когда он был жив», и ему говорят: «Смотри, какое у тебя было высокое состояние, – и что у него были жизненная сила от святости, – и смотри, какие слова Торы ты говорил тогда», – от этого он может ожить. Тогда как если ему говорят слова Торы, которые сказали другие, этим он не впечатляется.

«А в обыденных вещах (букв:. в словах мира) для нас ничего нет». Миром называется свойство веры. По поводу веры можно говорить с ним и о других людях, то есть его

---

142 Мидраш Гадоль у-Гдола, гл. 14.

143 Трактат Недарим, 49:2.

144 Трактат Брахот, 3:2.

145 Притчи, 17:5.

146 Трактат Брахот, 3:2, комментарий Раши.

147 Трактат Брахот, 3:2.

148 Трактат Брахот, 18:2.

пробуждают, говоря ему: «Посмотри, что у этого и этого есть трепет перед небесами, а ты остался сейчас, как мертвый, лишенный дара речи». Возможно, он пробудится и оживет, услышав о вере у других. А если нет, то и о «словах мира» не следует говорить, и можно говорить только о его собственных словах.

А с объяснением РАШИ неясно, ибо он говорит, что все должны говорить их, а он молчит, поэтому это называется «издевающийся над бедным». Однако ведь нет обязанности каждому говорить о вещах мира, почему же это будет называться «издевающийся над бедным»?

Тем не менее, причина, по которой запрещается говорить о вещах мира, имеется в виду свойство веры, ведь вера называется свойством мира (так написано в нескольких местах в Книге Зоар), ибо «альма» [«мир» на арамейском] происходит от слов исчезновение («ээлем») и скрытие, что является свойством веры. Поэтому считается согласно мнению «некоторые говорят», что и связанное с верой он не услышит, то есть не впечатлится тем, что говорят другие.

И только от «слов мертвого», то есть от того, чем он сам занимался при жизни в плане веры, возможно, что у него пробудятся решимот и подействуют так, что он снова оживет. Однако от других, даже то, что касается веры, тоже не подействует.

Итак, когда с ним говорят о «вещах мира», которыми занимаются другие, он не услышит. И получится, что ты будешь «издевающимся над бедным», поскольку все речи будут произнесены впустую. Поэтому только его собственные решимот могут пробудить его. И это называется «словами самого мертвого», которые относятся ко времени, когда он был жив, то есть был в состоянии подъема.

256. Свет, созданный в первый день

Свет, создан в первый день, был человек, видящий в нем конец мира... Смотрел Творец на дела поколения потопа и поколения разобщения и видел, что их дела испорчены, стоял и прятал его для праведников на будущее.

Поэтому, прежде чем человек исправит поколение потопа и поколение разобщения, которые в нем, тайный свет скрыт от него. Поскольку характер поколения потопа – это свойство «сердце», а поколение разобщения называется «мозг». А так как каждый человек включает в себя весь мир, то мы относим все народы мира к злу, которое в нас.

Так как злое начало – это ангел, как сказали мудрецы: «Он Сатан, он злое начало» (Вавилонский Талмуд, Бава Батра 16:1). И мудрецы сказали, что каждый ангел – нет у него имени, только по названию действия, так мы называем его имя. Поэтому, в то время, когда просыпаются в человеке, что называется, дурные страсти, то злое начало называется «поколением потопа», являющимся аспектом «колесница» для поколения потопа.

И также, в то время, когда просыпается в человеке аспект дурные мысли, тогда злое начало становится колесницей для поколения разобщения, поэтому называется злое начало именем поколения разобщения.

И когда исправляют эти два совокупных аспекта, то раскрывается тайный свет, потому что тогда он становится праведником. И это смысл «Спрятан для праведников на будущее».

Даргот Сулам

статьи разных лет

258. Кто такой богатый
март 1962

Кто называется богатым? …Рабби Йоси говорит: «Всякий, у кого отхожее место недалеко от его стола»[149]. Ведь «стол» означает трапезу, ибо, когда человек получает наслаждение, это называется свойством трапезы, то есть он поддерживает[150] свое сердце.

А тот, у кого отхожее место недалеко от стола, – ибо отхожее место есть место, предназначенное для выведения отходов из его тела – и этот человек, который сразу же после получения наслаждения выясняет для себя: ту часть, которая ради небес, он принимает, а то, что не ради небес, он выталкивает наружу в качестве отходов.

И он получает наслаждение только лишь, чтобы оживлять веру, относящуюся к свойству «пастухи стада Авраама», тогда он остается при своем богатстве, то есть у него всегда есть свойство жизненной силы и наслаждения. Ведь исторжение [блага] наступает именно тогда, когда человек становится глупцом, и получает для себя, не в свойстве ради небес. Тогда он теряет то, что ему дают, и потому остается нищим.

Тогда как если он проверяет себя и выталкивает отходы наружу, он остается при своем богатстве, то есть при своих наслаждениях, и не теряет.

260. Больше тот,
кому заповедано, и он делает

«Больше тот, кому заповедано, и он делает, чем тот, кому не заповедано, и он делает»[151]. Следует объяснить это в духе морали: «заповедано и делает» – то есть «лишма», «не заповедано и делает» – то есть «ло лишма».

Ибо тот, кто не делает ради небес, означает, что он не делает заповедь из-за того, что у него есть Командующий и Заповедующий исполнять заповедь, так как заповедь не обязывает его делать, то есть не Заповедующий заставляет его делать заповедь, а причиной для него является «ло лишма». Получается, что у него нет Заповедующего.

Поэтому, тот, кто заставляет его делать заповедь, – это Заповедующий, то есть Творец. Нет сомнения, что это самое большое. Потому что у состояния «ло лишма» есть ценность в том, что оно приводит его к «лишма», однако «лишма» без сомнения больше, чем «ло лишма».

---

149 Трактат Шаббат, 25:2.

150 Слово «саад» означает и трапезничать и поддерживать.

151 Трактат Кидушин, 31:1.

376. И испугался Яаков очень

Комментаторы спрашивают по поводу стиха: «И испугался Яаков очень, и стало ему тесно»[152], — но ведь Творец в видении с лестницей, которое Он показал ему, обещал ему оберегать его, куда бы он ни пошел, как сказано: «И вот Я с тобой, и хранить тебя буду везде, куда бы ты ни пошел»[153], «и Я буду с тобой»[154]. В таком случае, почему же нужно было молиться: «Спаси же меня от руки брата моего, от руки Эсава»[155]?

Книга Зоар[156] объясняет слова ангелов, обращенные к Яакову: «Но и сам он идет тебе навстречу, и с ним четыреста человек»[157]. [Зоар] спрашивает: «Почему же они сказали ему всё это?» И отвечает: «Потому что Творец всегда желает молитвы праведников и украшается их молитвой», — то есть «Творец жаждет молитвы праведников»[158].

И мой господин, отец и учитель объяснил, почему Творец не дает творениям всё благо без молитвы, а желает, чтобы они попросили у Него, и тогда Он дает им. И как сказали мудрецы: «Больше, чем теленок желает сосать, корова желает кормить»[159].

Однако есть правило, что не может быть света без кли. А кли (сосудом) называется желание. Ибо в духовном нет принуждения, потому что невозможно ощутить вкус наслаждения от того, к чему у человека нет желания. Ведь ощущение наслаждения главным образом зависит от меры желания и стремления, которые у него есть к этому объекту. Поэтому Творец ничего не дает, пока у творений не появится желание и стремление.

А желание человека образуется именно с помощью молитвы, потому что благодаря тому, что человек ощущает хисарон, он начинает молиться, и таким образом его молитва растет и умножается, пока не доходит до такой меры, что он становится способен получить высшее благо. И поэтому «Творец жаждет молитвы праведников» — потому что только таким образом они могут получить Его благо.

И известно, что в высшем благе мы всегда различаем две стороны: окружающий свет и внутренний свет. Под окружающим светом имеется в виду то, что человек должен получить в будущем, а сейчас он еще не способен получить его воздействие. Под внутренним светом имеется в виду то, что человек получает в настоящем, то есть высшее благо входит в его внутреннюю часть.

И согласно сказанному выше, что всё, что человек получает, должно предваряться молитвой, чтобы возникало кли для получения высшего блага, получается, что даже

---

152 Берешит 32:8.

153 Берешит, 28:15.

154 Берешит, 31:3.

155 Берешит, 32:12. Спаси же меня от руки брата моего, от руки Эсава! Ибо страшусь я его, как бы он не пришел и не разбил меня – мать с сыновьями.

156 Книга Зоар, Ваишлах, 43-44.

157 Берешит 32:8. И возвратились ангелы к Яакову, говоря: Пришли мы к брату твоему, к Эсаву. но и сам он идет тебе навстречу, и с ним четыреста человек.

158 Трактат Евамот, 64:1.

159 Трактат Псахим, 112:1.

после того как Творец обещал ему [то есть Яакову] в видении с лестницей, это называется окружающим светом.

Но когда он встретил Эсава и вознуждался в избавлении в настоящем, нужно было молиться и обнаружить желание, которое считается сосудом (кли) для избавления, потому что без кли получить внутренний свет невозможно. Ведь обещание называется окружающим светом, тогда как, когда собираются реализовать обещание на практике, нужна молитва. Ибо окружающий свет – это пробуждение свыше, а внутренний свет [появляется] благодаря пробуждению снизу.

407. Если купишь раба-еврея
май, 1958

В Книге Зоар в главе «Бе-ар»[160] рабби Элазар говорит: «Если купишь раба-еврея, то шесть лет будет служить»[161]. Ибо в любом обрезанном сыне Исраэля есть отпечаток святости, есть в нем отдых на седьмой год, ибо ему принадлежит этот седьмой год (шмита), чтобы отдыхать в нем. И это называется субботой (шаббатом) земли, несомненно, есть в ней свобода, есть в ней отдохновение. Подобно тому, как суббота – это отдых, так же и седьмой год – это всеобщий отдых, отдых для духа и для тела.

И следует понять, почему именно тому, кто обрезан, положен отдых на седьмой год. И что означает, что в седьмой год есть отдых также и для тела? И так же следует понять слова мидраша Танхума [по поводу стиха]: «И если оскудеет твой брат и в упадок придет»[162].

Как сказано: «Не обирай бедного, потому что он беден… ибо Творец вступится в дело их»[163]. Сказал Творец: «Не обирай бедного, потому что он беден, ибо Я сделал его бедным. Тот, кто обирает его или издевается над ним, несмотря на то, что Он сделал его, как будто издевается надо Мной».

478. Что такое грех Кораха

Надо понять, что такое грех Кораха, ведь наши мудрецы сказали, что Корах был умен.

Корах не грешил, не дай Бог, против Творца. Как раз наоборот, он говорил, что «вся община – все они святы»[164]. И всё, что он говорил о Моше, – это что Моше выдумал всё сам, а не [получил] из уст Творца. Но если бы он был уверен, что это из уст Творца, он бы не спорил.

---

160 Книга Зоар, Бе-ар, п. 6.

161 Шмот, 21:2. Если купишь раба-еврея, то шесть лет будет служить, а в седьмом выйдет на волю безвозмездно.

162 Ваикра, 25:35. И если оскудеет твой брат и в упадок придет у тебя, то поддержи его, [также] пришельца и поселенца, и будет жить с тобою.

163 Притчи, 22:22-23.

164 Бемидбар, 16:3.

В таком случае, почему же ему было положено такое суровое наказание, то есть что нужно было вновь создать специальное наказание для него до того, что это наказание противно природе, ибо разверзла земля уста свои, и спустились они живыми в преисподнюю[165].

Известно, что Творец платит меру за меру. А поскольку грех был совершен против Моше, представляющего собой свойство верного пастыря, (а это свойство происходит от нижнего, ведь вера, то есть скрытие, происходит от нижнего, тогда как от высшего происходит только раскрытие), поэтому, когда Моше хотел показать, что нужно идти путем веры выше знания, а Корах не согласился, Моше должен был привлечь наказание тоже выше знания. И это новое творение, не находящееся в рамках природы, – чтобы все знали, что наказание, полагающееся им, не было из-за другого греха, а было именно из-за греха, что он не хотел идти выше знания. Выходит, что новое наказание возникает, как мера за меру, как сказано в стихе: «Ибо не сам выдумал я [то есть Моше] это»[166], а лишь [получил] из уст Творца.

492. Вознаграждение за заповедь

«Вознаграждения за заповедь в этом мире нет»[167]. В этом мире, то есть в желании получать, его нет, поскольку произошло сокращение и скрытие. Вместе с тем [оно есть] в будущем мире, то есть в келим бины, которые называются будущим миром и являются отдающими келим.

496. Путь истины

По поводу пути истины. Есть путь лжи, и есть путь истины, который определяет причину, заставляющую человека заниматься Торой и заповедями. Есть причина, называемая «польза тела», когда, занимаясь Торой и заповедями, он получит вознаграждение в этом мире, и также – в будущем. И в той мере, в которой он верит в вознаграждение и наказание, он способен исполнять их, так как это идет на пользу желанию получать, называемому телом.

И это называется путем лжи, поскольку он не может прийти к цели творения, состоящей в том, чтобы насладить Свои творения, из-за хлеба стыда. Поэтому необходимо уподобление по форме. А если всё его занятие ради собственной выгоды, как же это может привести его к уподоблению по форме?

Поэтому путем истины называется, если вынуждающая его причина – это отдача, то есть «не для получения вознаграждения». Поэтому только это является путем истины, ведь этим будет исправлен хлеб стыда.

---

165 Бемидбар, 16:30.

166 Бемидбар, 16:28.

167 Трактат Кидушин, 39:2.

И отсюда поймем слова Книги Зоар[168]: «Той мерой, которой меряет человек, такой мерой меряют и ему»[169]. И комментарий Сулам объясняет, что ему дают [свыше] в той мере, в которой он упоминал [имя Творца], как сказано: «Во всяком месте, в котором Я упомяну имя Свое, Я приду к тебе и благословлю тебя»[170]. И следовало бы сказать: «Ты будешь поминать имя Мое». Однако смысл в том, что «в той мере, в которой Я упоминаю имя Свое, в этой мере Я приду к тебе».

И, на первый взгляд, нет никакого объяснения тому, как он это обосновывает. Но из вышесказанного [это] совершенно ясно: в той мере, в которой он упоминал, – то есть то, к чему человек стремится, это ему и дают. А те, кто идут путем истины, то есть желают доставить радость своему Создателю, и видят, что все дела их не ради небес, молятся Творцу, чтобы Он увидел, – чтобы они смогли делать действия ради Творца.

И тогда Творец говорит: «Во всяком месте, в котором Я упомяну имя Свое», – то есть вы дадите Мне возможность, чтобы Я смог присоединить имя Мое к делам вашим. «То есть когда будет пробуждение снизу, чтобы Я, – говорит Творец, – присоединял имя Мое к действиям. Откуда же вы будете знать, что Я уже присоединяю имя Мое к вам? Это вы увидите, если "Я приду к тебе и благословлю тебя"».

То есть вся цель творения, означающая насладить Свои создания, не может раскрыться, пока вы не исправили состояние хлеба стыда, то есть не изменили дела ваши на отдачу. А тогда исполнится цель творения, то есть насладить Свои создания.

И это, как сказано: «Во всяком месте, в котором Я упомяну имя Свое»[171], – то есть Я присоединил имя Мое к вам, то есть все дела ваши – лишь на отдачу. Тогда узнаете вы – если «Я приду к тебе и благословлю тебя»[172]. Как говорит РАМБАМ: «Что такое возвращение? Пока не засвидетельствует о нем Знающий Тайны»[173].

497. Благословен Ты

«Благословен ты в городе, и благословен ты в поле»[174]. Человек не должен говорить: «Если бы Творец дал мне поле, я бы снимал с него десятину. Сейчас, когда нет у меня поля, я ничего не даю».

Сказал Творец: «Посмотри, что написал Я в Торе: "Благословен ты в городе, – для тех, кто живет в городе, – и благословен ты в поле, – для тех, у кого есть поля"».

---

168 Книга Зоар, Пинхас, п. 506.

169 Трактат Сота, мишна, 1:7.

170 Шмот, 20:21.

171 Шмот, 20:21.

172 Там же.

173 Рамбам, Мишне Тора, Законы возвращения, гл. 2, закон 2.

174 Дварим, 28:3.

498. И будет, если будете слушать вы

«И будет, если будете слушать вы»[175]. Если слушал ты в этом мире, в будущем мире услышишь из уст Творца. «И будет, если ты будешь слушать голоса Творца, Всесильного твоего, чтобы соблюдать и исполнять все заповеди Его, которые я заповедую тебе ныне, то поставит тебя Творец, Всесильный твой, выше всех народов земли»[176]. «Сказал рабби Леви: "Что такое высший? Это подобно большому пальцу[177]. Если ты удостоился, ты – выше четырех пальцев, а если нет – ниже четырех пальцев"»[178].

И следует понять, на что указывает выражение «выше четырех пальцев». Сказано: «Одна ложка в десять золотых, наполненная воскурением»[179], – то есть у человека должна быть ложка (ладонь[180]) или кли, чтобы он мог получить в него высшее благо, называемое золотом (заав – от слова «зе-ав»: «это – дай!»). И, так же как и [для получения] от света Торы, тут нужна ладонь, то есть пять пальцев должны для этого соединиться.

Книга Зоар говорит: «Чаша благословения должна поддерживаться пятью пальцами»[181]. В Предисловии к Книге Зоар сказано: «Как роза среди шипов. Что такое роза?»[182] Ведь «пять жестких листьев окружают розу. Эти пять листьев называются «спасения». ...Об этом сказано: «Чашу спасений подниму»[183]. Это чаша благословения»[184], и это смысл пятикратного упоминания света в рассказе о сотворении мира.

И свет этот был создан и скрыт[185], и в этом смысл слов наших мудрецов: «В свете, который создал Творец в первый день, Адам видел от края мира и до края. После того как посмотрел Творец на поколение потопа и поколение раздора и увидел, что деяния их порочны, взял и скрыл [его] от них»[186].

Пять пальцев – это КАХАБ ЗОН. Если человек придерживается [указания] «соблюдать и исполнять», Творец ставит кетер выше всех их, то есть Творец дает силу властвовать кетеру или хеседу, которые называются отдающими келим. А если власть отдана нижнему свойству, то есть свойству малхут, являющейся получением без хасадим, тогда уже есть разделение, и это не называется «одна ладонь».

---

175 Дварим, 28:1.

176 Там же.

177 Слово «высший» (ивр.: эльон) звучит так же как слово «большой палец» (арам.: эльон).

178 Мидраш Танхума, Дварим, гл. 28, симан 4.

179 Бемидбар, 7:20.

180 Ивр. «каф» – ложка или ладонь.

181 Книга Зоар, Предисловие, п. 2.

182 Там же, п.1.

183 Псалмы, 116:13. Чашу спасений подниму и имя Творца призову.

184 Книга Зоар, Предисловие, п. 2.

185 В оригинале эти два слова написаны по-арамейски, что является цитатой из Книги Зоар, Берешит, п. 28, где объясняется стих: «Да будет свет».

186 Трактат Хагига, 12:1.

499. Я – это малхут

«Тот, кто учит Тору перед невеждой, как будто совершает перед ним соитие со своей невестой»[187].

Невеждой называется желание получать. «Совершает соитие» – то есть единение. «Перед невеждой» – то есть невежда всё еще господствует в нем. Вместо этого он должен быть принижен, как сказали мудрецы: на невеждах «пребывает страх субботы»[188].

Помолвка и брак – «невеста без благословения запретна для мужа подобно женщине в период нечистоты»[189]. Благословение – то есть отдача, то есть «ради отдачи», когда человек совершает единение со святой Шхиной.

Месяц элуль символизирует возвращение: «Я Возлюбленному моему, а Возлюбленный мой – мне»[190]. И это указание на возвращение. В Книге Зоар сказано: «Вернется хэй[191] к вав, чтобы соединить имя Йуд-Хэй с Вав-Хэй в совершенном соединении». «Творец не пребывает в совершенстве, и престол не совершенен, пока не будет уничтожено семя Амалека»[192].

Чтобы понять всё это, нужно вначале [вспомнить] цель – каково наше предназначение в жизни, и зачем нужны Тора и заповеди. Цель творения – насладить Свои создания. Творение есть сущее из ничего, то есть «я» из «ничто»[193], а «я» – это малхут.

500. Когда будешь возжигать лампады (2)

«"Когда будешь возжигать лампады"[194], – сказал Творец Моше, – не потому что мне нужны лампады, предупредил Я тебя о лампадах, а для того чтобы удостоить вас, как сказано: "И свет пребывает с Ним"»[195]. И сказано: "И тьма не скроет от Тебя, и ночь, как день, светит; тьма – как свет"[196]. Это учит тебя тому, что Он не нуждается в лампадах смертных"[197].

«Вне завесы свидетельства… будет ставить»[198], – неужели Он нуждается в свете, ведь все сорок лет, которые Исраэль ходили по пустыне, они шли только лишь к Его

---

187 Трактат Псахим, 49:2.

188 Иерусалимский Талмуд, трактат Демай, 16:2.

189 Трактат Кала, 81:1.

190 Название месяца Элуль читается как акроним этого стиха из Песни Песней.

191 Слово «тшува» (возвращение) можно прочесть как «вернется хэй».

192 Шмот, 17:16, комментарий Раши.

193 «Я» и «ничто» состоит на иврите из одних и тех же букв.

194 Бемидбар, 8:2.

195 Даниэль, 2:22.

196 Псалмы, 139:12.

197 Мидраш Раба, Бамидбар, 15:2.

198 Ваикра, 23:2-3. Вели сынам Исраэля, и возьмут тебе масла оливкового чистого, битого, для освещения, чтобы возжигать лампаду постоянно. (3) Вне завесы свидетельства в шатре собрания будет ставить ее Аарон от вечера до утра пред Творцом постоянно; закон вечный для поколений ваших.

свету. Но дело в том, что для пришедших в мир это свидетельство того, что Шхина пребывает в Исраэле. В чем состоит свидетельство? Сказал Рав: "Это западная лампада, в которую он заливал масла, столько же, сколько в другие, и от нее зажигал, и на ней заканчивал"»[199].

Чтобы объяснить это, нужно понять, что цель творения – насладить Свои создания. И вместе с этим Творец дал нам практические заповеди. Отсюда следует, что без действий нижних у Него нет возможности давать высшее благо.

И он [Талмуд] приводит доказательство, что 40 лет, которые Исраэль ходили по пустыне, они шли только к Его свету, то есть было только пробуждение свыше, которое называется «хлеб с небес», когда высшее благо приходило к ним без действий со стороны нижних. А «хлеб из земли» называется, когда высшее благо приходит благодаря усилиям нижних. И это называется «негодный хлеб», то есть без усилий. «И душе нашей опротивел этот негодный хлеб»[200], – поскольку в том, что пришло без усилий, не ощущают такого вкуса, как в том, что пришло с помощью усилий.

501. Мера истины (1)

«"Вот потомство Яакова – Йосеф..."[201] Каждый, кто всматривался в образ Йосефа, говорил, что это образ Яакова. Приди и увидь, обо всех сыновьях Яакова не сказано: "Вот потомство Яакова – Реувен», кроме Йосефа, образ которого был подобен образу его отца"»[202].

Понимать сказанное выше нужно в том смысле, что образ Яакова был «истина», как сказано: «Ты дашь истину Яакову»[203]. А образ Йосефа – это основа (есод) союза. Ибо он является свойством «праведник – основа»[204]. Как в испытании с женой Потифара.

То же и по поводу стиха: «Идите к Йосефу! Что скажет он вам, делайте!»[205] И объясняется в мидраше, что Йосеф сказал им: «Мой Творец не дает пропитание необрезанным, пойдите и сделайте себе обрезание, и я дам вам [хлеба]»[206].

И следует понять, что такое мера истины и что такое мера союза. «Истина из земли произрастет»[207], – то есть рост истины происходит через то, что она кладется в землю. А что находится на поверхности земли? Только лишь ложь! И именно это состояние есть истина. То есть истиной называется то, что полезно.

А если ложь полезна, тогда это истина, то есть сейчас воистину нужно говорить ложь, и именно благодаря этому раскроется истинная цель, так же как от «ло лишма» приходят к «лишма». Поэтому во время падения человек тоже должен пребывать в

---

199 Трактат Шаббат, 22:2.

200 Бемидбар, 21:5.

201 Берешит, 37:2.

202 Книга Зоар, Ваешев, п. 23.

203 Миха, 7:20.

204 Притчи, 10:25. Пронесется буря – и нет грешника, праведник же – основа мира.

205 Берешит, 41:55. И голодать стала вся земля Египта, и возопил народ к фараону о хлебе, и сказал фараону всему Египту: Идите к Йосефу! Что скажет он вам, делайте!

206 Мидраш Танхума, Берешит, гл. 42, симан 7.

207 Псалмы, 85:12.

радости говорить: «То состояние, которое я ощущаю, есть самое лучшее для меня состояние».

И как приводится в мидраше Шмуэля и повторяется всеми без устали: «Истина тяжела, и потому немногие выдерживают ее». То есть трудно сказать, что то, что я ощущаю сейчас, это и есть истинное управление в свойстве «Добрый, Творящий Добро», и что я должен принять это состояние с радостью и любовью.

И это называется: «Истину купи»[208], – то есть усилиями, «и не продавай», – то есть ты не сможешь найти кого-нибудь, кто захотел бы купить [ее], ибо это работа, которую человек должен купить самостоятельно, и ничто не может помочь ему и продать ему истину. Ведь у каждого человека истина согласно его уровню, и эта истина («эмет») – от слова «строительная линейка» («амат биньян»), то есть мерка, а мерка у каждого своя, и одежда одного не соответствует мерке другого.

502. Если человек побеждает, Творец радуется

«Продавец опечален, …тогда как Творец радуется»[209]. И спрашивается: разве это подобно продавцу? Ведь проданное не остается у продавца, а с Творцом иначе: несмотря на то, что Он дал Тору народу Исраэля, Тора осталось также и у Него. Ведь Тора, не дай Бог, не является чем-то материальным, чтобы можно было сказать, что если Он дает ее творениям, у него уже не остается этой Торы.

И некоторые хотят объяснить это, что имеется в виду стих, в котором говорится о Торе: «Не на небе она»[210], – то есть что народу Исраэля предоставлено [право] устанавливать закон.

И следует объяснить, что Тора понимается у нас в двух отношениях:

Свойство Торы, в которой заключен свет, возвращающий к источнику, как говорится: «Я создал Тору в приправу»[211], чтобы сдобрить злое начало.

Свойство Торы, называемое «Глаз не видел»[212].

Намерение Создателя – чтобы творения получили наслаждение. А человек использует Тору наоборот, то есть человек желает, чтобы Творец получил наслаждение. И эту силу он получает от Торы в качестве приправы, как сказано выше. Отсюда получается, что человек воюет с Творцом, то есть Творец желает, чтобы человек получил наслаждение, а человек желает, чтобы Творец получил наслаждение.

Получается, что он пользуется Торой в другом направлении, чем продавец. И об этом они сказали, что Творец говорит: «Победили Меня сыновья мои»[213], – то есть что они воюют против желания получать, которое Творец заложил в их сердце, и если человек побеждает, то Творец радуется.

---

208 Притчи, 23:23. Истину купи, и не продавай мудрости и учения и разума.

209 Трактат Брахот, 5:1. Сказал рабби Зира, а возможно, рабби Ханина бар Папа: Приди и увидь, что не одинаковы меры Творца и смертного. Мера смертного: человек продает товар другому – продавец опечален, а покупатель рад. Однако у Творца иначе: Он дал Тору Исраэлю и радуется.

210 Дварим, 30:12.

211 Трактат Бава Батра, 16:1.

212 Йешая, 64:3. И никогда не слышали, не внимали, глаз не видел Творца, кроме Тебя, сделавшего [такое] для ожидающего Его.

213 Трактат Бава Меция, 59:1.

Получается, что «Торой Творца»²¹⁴ она называется согласно цели творения. Но она называется «его Торой», когда человек пользуется Торой, имея в виду «приправу», ибо тогда он принимает Тору, чтобы насладить Творца. Поэтому Тора называется по имени человека.

Ведь Тора называется согласно ее использованию. Если человек хочет получить Тору с намерением Творца, которое состоит в том, чтобы насладить Свои создания – чтобы творения насладились – она называется «Торой Творца», то есть Тора идет согласно линии Творца. А если человек берет Тору, чтобы у него была сила отдавать, что считается намерением человека, ведь человек хочет доставить наслаждение своему Создателю, тогда она называется «его Торой».

503. По поводу партнерства

«В этот день Творец, Всесильный твой, повелевает тебе исполнять»²¹⁵. Писание говорит: «Падем ниц, поклонимся, преклоним колена перед Творцом, Создателем нашим»²¹⁶. Но разве падение ниц не включает в себя поклон, а поклон не включает в себя падение ниц? Что же имеется в виду, когда говорится: «Падем ниц, поклонимся, преклоним колена»?

Дело в том, что Моше, пребывая в духе святости, посмотрел и увидел, что Храм будет разрушен и приношение первых плодов будет прекращено, и установил для Исраэля, чтобы они молились три раза в день, ибо молитва мила Творцу больше всех добрых дел и всех приношений, как сказано: «Пусть молитва моя заменит воскурение перед лицом Твоим; руки простертые – жертву вечернюю!»²¹⁷

«Исполняй их всем сердцем твоим и всею душою твоей»²¹⁸. Этим Писание предупреждает Исраэль, говоря им: «Когда вы молитесь перед Творцом, у вас не должно быть двух сердец, одно для Творца, а другое – для других вещей»²¹⁹.

И спрашивается: если человек занят работой или торговлей, и в таком случае, его голова наполнена множеством мыслей, как же возможно, чтобы он на какое-то время освободился от всех этих мыслей, которыми он преисполнен?

Но дело в том, что весь народ Исраэля подобен одному телу. И как в теле есть голова, руки, ноги – и у каждого своя особая функция, но как бы то ни было, то, что думает голова [отражается на других], – то есть если в голове хорошие расчеты, все органы пребывают в радости, а если голова в заботах, то же настроение передается всем органам. И это подобно партнерским отношениям: если каждый исполняет свою функцию, все веселы и довольны, как сказано: «Который сотворил Творец, чтобы делать»²²⁰, – то есть, без усилий нет ничего.

---

214 Псалмы, 1:2. Только к Торе Творца желание его, и о Торе его будет он размышлять день и ночь.

215 Дварим, 26:16. В этот день Творец, Всесильный твой, повелевает тебе исполнять эти законы и правопорядки; и соблюдай и исполняй их всем сердцем твоим и всею душою твоей.

216 Псалмы, 95:6.

217 Псалмы, 141:2.

218 Дварим, 26:16.

219 Мидраш Танхума, Ки Таво, гл. 26, симан 1.

220 Берешит, 2:3.

Поэтому муж трудится и приносит деньги, а жена берет деньги, и труд ее в том, что она покупает продукты и готовит, и заботится о том, чтобы еда была вкусной. И тогда оба веселы и довольны. Если жена вкусно готовит, у мужа есть аппетит, и тогда такой муж может работать и приносить деньги.

Точно так же, если ноги идут на улицу, а руки покупают и дают питание мозгу, у мозга есть силы думать.

Так же и когда народ Исраэля – это одно тело: если те, кто занят торговлей и трудится, поддерживает мудрецов[221], которые называются главами народа, тогда и мудрецы передают наслаждение от того, что они трудились весь день и постигли вкус Торы и заповедей – этот вкус они могут передать тем, кто их поддерживает. То же самое и когда они заняты молитвой – чтобы [остальные] ощутили вкус молитвы. И автоматически там, где есть наслаждение, тело привыкло освобождаться от других мыслей.

---

221 Талмидей хахамим.

Международная академия каббалы под руководством д-ра Михаэля Лайтмана

http://www.kabacademy.com/

Крупнейший в мире учебно-образовательный интернет-ресурс, бесплатный и неограниченный источник получения достоверной информации о науке каббала.

Международная академия каббалы проводит в Израиле поездки по каббалистическим местам, курсы и семинары по всему Израилю.

Миллионы учеников во всем мире изучают науку каббала. Выберите удобный для вас способ обучения на сайте.

Контакты в Израиле:
тел.: 035419411
email: campuskabbalahrus@gmail.com
Facebook: https://www.facebook.com/campuskabbalah

Углубленное изучение каббалы

http://www.zoar.tv/

Каждое утро на сайте ведется прямая трансляция уроков каббалиста Михаэля Лайтмана для всех, кто занимается углубленным, ежедневным изучением науки каббала и исследованием каббалистических первоисточников. Видеопортал Зоар.ТВ располагает уникальным контентом: фильмы, телевизионные и радиопередачи, статьи.

Интернет-магазин каббалистической книги

Все учебные материалы Международной академией каббалы основаны на оригинальных текстах каббалистов, сопровождаемых комментариями руководителя академии, каббалиста Михаэля Лайтмана.

Израиль:

http://66books.co.il/ru/

Россия, страны СНГ и Балтии:
http://kbooks.ru

Америка, Австралия, Азия
http://www.kabbalahbooks.info

Европа, Африка, Ближний Восток
http://www.kab.co.il/books/rus

www.ingramcontent.com/pod-product-compliance
Lightning Source LLC
Chambersburg PA
CBHW082208070526
44585CB00020B/2337